한글 생활 백서

연필의힘

머리말

참으로 오래 걸려서 이제야 여기까지 왔다. 한 해가 가고 다음 해가 넘어갈 때, 꼭 하고 싶은 일을 끝내지 못하고 넘기는 필부의 마음은 늘 안타깝기만 했다. 2014년 말 한 겨울, 수필 초년생의 겁 없는 도전으로 『각시붕어를 찾아』라는 수필집을 내고, 근 이태 동안 칩거해 있었다.

핑계라면 일하는 직종이 달라지면서 적응하느라 그리 했다고 자위를 해보기도 하지만, 영 시답지 않은 핑계일 뿐이다. 세상에 어떤 일도 이루고자 하는 욕구만 강하다면 어떠한 역경도 사실 별 게 아니다. 그런데 이런저런 핑계로 차일피일 미루다가 어느 날 갑자기 정신을 차리고 글을 내리 써나간 것이 이제서 대충 정리가 된 것이다. 늦었지만 그나마 다행이고 못마땅하지만 그냥 세상에 내던져 본다.

최근은 바야흐로 인문학의 춘추전국시대이다. 그동안 실용주의에 온 사회가 물들어 허우적거리다가 비로소 인문학의 중요성을 새삼 깨달은 요즈음이다. 인간이 만들어나가는 문명이나 문화라는 것이 정신적 뿌리 없이 만들어진다는 것은 발상 자체가 잘못된 것이리라. 그동안 이를 간과했던 우리 사회가 지금에서야 이를 바로잡고 정신을 바짝 차리게 된 것이다.

필자의 이 원고도 애초에는 국어학이라는 인문학을 사회에 전파하려는 의도가 내재해 있었다. 미천한 지식이지만 인문학 서적을 흉내 내어 쓰고자 했었다. 필자가 공부한 국어학도 인문학의 중요한 요소 중 하나라고 생각했기 때문이다.

그러나 뜻한 바대로 글은 써지지 않았다. 원래 깊이 있고 전문적이며 심오한 진리를 펼칠 수 있는 재능도 없을 뿐더러 쓰다 보니 '쉽게, 쉽게'라는 생각이 머릿속에 늘 맴돌았다. 국어학은 남들이 다 어렵고 딱딱하다는데, 나마저 그렇게 놀아나고 있구나 하는 생각이었다.

참으로 많이 참았던, 그리고 말하고 싶었던 모든 것들을 내뱉어 보았다. 때론 그 내용이 다분히 주관적이어서 어떤 독자에게는 혹평과 무시를 당할 수도 있으리라. 그럴 땐 이런 생각을 하는 사람도 있구나 하는 정도로 양해해 주면 감개무량하다.

이제는 하늘의 뜻도 알게 된다는 나이가 됐음에도 아직 하늘은 고사하고 저 밑바닥 땅의 뜻도 제대로 알지 못하겠다. 그러나 여기 하나의 낟알을 땅 위에 심으련다. 이것이 무럭무럭 자라 하늘 끝에 닿을 때까지 주저리주저리 나를 표현하고 현상을 나열하고 느낌을 나타낼 것이다. 미래의 그 어느 날, 내 줄기 끝이 하늘의 어느 공간에서 흐물흐물서 있을 때를 기약하면서.

2017년 새벽을 알리는 닭의 해에
김홍석 씀

차례

한글생활백서

01

한글의 위상

세계의 언어는 최근의 보고에 의하면, 6,000여 종이 있는 것으로 알려져 있다. 학자마다 각기 다른 주장이 있지만, 언어학계에서 통설 그 정도가 있는 것에 대체로 인정하는 추세이다. 참으로 이토록 많은 언어가 지구상에 존재한다는 것이 놀랍고 신기할 뿐이다.

그러나 이렇게 많은 세계의 언어가 알래스카토착어연구소 소장 M. 크라우스의 말에 따르면, '앞으로 100년 안에 90%가 소멸될 것'이라는 예언을 했다. 또한 2009년 유네스코가 조사한 '소멸 위기 언어 연구 프로젝트' 보고서는 소수 민족의 언어 2,500여 개가 심각한 소멸의 위기에 봉착해 있으며, 심지어 199개의 언어는 언어 사용자가 10명도 채 안 되어서 곧 소멸될 위기에 있다고 전한다. 심지어 어느 학자는 인류는 앞으로 100여 개로 세계 언어가 압축되리라는 예언까지 했다.

그런데 이때 당장 떠오르는 생각은, 그럼! 우리 한글은 어찌될까? 그러나 걱정할 것 없다. 바로 우리 한글은 세계 12위권 가량의 언어사용 인구수를 보유하는 세계적 언어이다. 세계 언어의 사용 인구수를 기준으로 공식적인 세계 언어 순위 통계 기관이며 민속언어 사이트인 '에스놀로그(http://www.ethnologue.com)'의 2014년 조사에 따르면, 한국

어는 중국어, 스페인어, 영어, 힌디어, 아랍어, 포르투갈어, 뱅골어, 러시아어, 일본어, 자바어, 독일어 다음에 위치한다. 참으로 자랑스럽기도 한 우리 '한글'이다.

우리 한글이 이 정도의 자랑거리만 있는 것은 아니다. 한글의 과학성과 체계성은 이미 세계 유수의 언어학자 대다수가 인정하고 있다. 문자 발달 단계에서도 한글은 가장 발달한 형태이다.

문자의 발전단계는 그림문자가 가장 원시적 단계이다. 다음으로 이집트의 신성문자, 수메르의 설형(일명 쐐기)문자, 중국의 고대 한자 등과 같은 상형문자이다. 이러한 상형문자가 한 단계 발전을 하게 되면 우리가 다 아는 바와 같이 바로 한자와 같은 표의문자가 된다. 이 한자는 앞서 제시한 그림문자, 상형문자, 표의문자까지를 모두 포함해 넓게 표의문자 단계로 보기도 한다.

여기서 한 단계 발전하면 표음문자가 되는데, 일본의 가나, 히브리문자, 페니키아 문자 등이 음절문자이다. 표음문자 중 초창기의 단계라

할 수 있겠다. 이것이 더 발전한 것이 음소문자, 일명 자모문자인데, 영문자, 라틴문자 등이 해당되며, 이것이 더더욱 발전하면 최후의 단계인 자질문자로 발전한다.

한글은 바로 문자발전 단계상 최후의 단계에 있는 자질문자이다. 즉, 한글은 발음기관을 본떠 자음 5자(ㄱ, ㄴ, ㅁ, ㅅ, ㅇ)를 먼저 만들어 획을 더해 자음의 숫자를 늘리고, 모음 또한 중국 역학에서 철학적으로 영향을 받은 천지인(天地人)의 원리에 따라, 기본자 3자(· , ㅡ , ㅣ)를 만들고, 이를 조합하여 'ㅏ, ㅓ, ㅗ, ㅜ'라는 초출자를 만들었으며, 여기에 한 획씩 더하면서 11개의 모음을 생성해 낸, 자질문자이다.

자질문자란 조음위치와 같은 음운의 자질이 반영된 문자 체계를 일컫는다.

(어려운 용어가 나오면서 머리가 어질어질 할 테니, 다시 쉬운 말로 돌아가자.)

요컨대, 우리 한글이 세계 언어 중에서도 가장 문자발전 단계상에서 최고로 앞서는 문자라는 것이다.

이번에는 한글의 과학성을 보자. 발음기관을 본 따 여타의 언어에 비해 음운과 발음이 무관하지 않고, 긴밀한 관계를 가지고 있다. 한 예로 ㄱ을 발음할 때, 우리의 혀는 그 모양을 입안에서 하고 있는 놀라움에 감탄하지 않을 수 없다. ㄴ 또한 마찬가지이다. 이 얼마나 과학적인가? 게다가 모음 하나, 자음 하나와 모음 하나, 자음 둘과 모음 하나면 이 세상의 모든 소리를 다 표현해 낼 수 있다. '아, 가, 악, 강'처럼 말이다. 수학적으로 최대한 가능한 음절수는 '20(초성)×21(중성)×8(종성)=3,360'이지만, 실생활에서 가능한 음절수는 이보다 적어 약 1,000개 정도라는 것이 학설이다. 이 정도면 세상의 어떠한 소리를 표현하는데,

어려움이 없는 건 지당한 이야기이다. 게다가 왼쪽으로 오른쪽으로 죽 나열하는 형태가 아니라, 종성을 두어 음절 구분을 명확히 한 것은 대단한 발상이었다.

또한 요즘처럼 문자를 자주 사용하는 스마트폰과 인터넷 시대에 최적의 언어이다. 연구에 따르면 한글의 정보화 입력속도는 여타의 언어에 비해 적어도 두세 배 이상에서 수십 배 이상이라고 한다. 참으로 대단한 일이다.

한글 자판은 크게 두 가지 형태로 입력하는데, 일명 '천지인' 방법이라 하여 기본 자음과 모음에 자모를 추가하여 모음의 기본에 합성의 원리를 적용한 것이 있고, 자음의 기본자와 가획의 원리를 응용한 방식을 적용한 것이 있다. 참으로 세종대왕은 약 600년 이후의 정보화시대를 예견하여 문자를 만든 듯한 인상이 들 정도로 훌륭한 문자를 창제하신 것이다. 가까운 동양권 글자인 일본의 가나나 중국의 한자보다 무려 입력속도가 7배 이상 빠르고, 같은 음소문자인 영어보다도 35% 이상 빠르다고 한다. 요즘 청소년들은 웬만하면 1분에 600타수를 치는데, 이 정도면 어느 정도 빠르기인지 실감하지 못할 것이다. 애국가 4절을 다 치면 554타수라고 하니, 가히 엄청난 속도인 것이다.

또한 글자 모양은 어떠한가? 초성, 중성, 종성이 결합한 글자라 하더라도 정방형의 사각형에 들어갈 수 있어 참으로 모양이 앙증맞다. 이 정방형의 형태는 중국의 한자를 참고했다는 설이 있지만, 네모반듯하게 자리 잡은 한글의 글꼴을 보면 정갈하고 세련된 느낌마저 든다. 프랑스와 이태리를 비롯한 세계 각국에서 지명한 디자이너들이 한글의 글꼴로 의상이나 물건 디자인에 사용하는 것은 이러한 생각이 우리만의 것이 아니라는 반증이다. 앞으로 전 세계에 한글 글꼴이 울려 퍼지는 날도 얼마 남지 않았으리라.

다음으로 한글의 창제 정신이다. 세종대왕은 새로 28자를 만들면서 우리 현실에 맞는 글자를 창조해, 국민들이 실생활에 유용하고 쉽게 익혀 씀으로써 불편을 해소하려는 정신으로 한글을 만드셨다. 남을 위한 배려와 멸사봉공의 자세는 세계적 지도자로서의 품위를 지닌 위인의 면모가 아닌가 한다. 최근 우리 사회의 지도자들이 갖추지 못한 '서번트 리더십(Servant Leadership)'의 모범이 아닐 수 없다.

우리 한글은 정확하게 만든 이, 제작시기, 제작 동기가 밝혀진 몇 안 되는 문자이다. 창제자와 제작 동기는 앞서 제시하였고, 제작시기가 명확한 문자라는 것이다. 라틴어의 영향을 받은 것으로 알려진 국제공용어 영어도 약 1,500년 전에 시작되었을 것이라는 추측만 있을 뿐이고, 세계 경제 대국 일본의 언어도 알타이어설, 남방계설, 북방계설이 분분할 뿐이지 정확하게 그 기원을 밝혀내지 못하는 것이 현실이다. 그러나 우리 한글은 세종25년(1443년) 12월에 만들고, 3년간 시험기간을 거쳐, 음력 9월 상한(양력으로 10월 9일 전후)에 반포하였다는 기록이 분명하게 전한다. 그래서 우리 한글날이 10월 9일인 것이다.

02

세계 언어 중 공통되는 몇 단어들

세계의 언어는 앞서 밝힌 바처럼 6,000개 정도라 했다. 그런데 이들 언어끼리 유사성은 전혀 없을까? 학자들은 어족을 크게 인도-유럽어족, 알타이어족, 우랄어족, 셈어족, 함어족, 인니어족 등으로 나누기도 하고, Voegelin(1977)과 같은 학자는 무려 350개 어족이 있음을 주장하기도 한다. 여하튼 이렇게 많은 어족들 속에 각각의 언어는 자신만의 독자적 행보를 취했을 것이다.

그런데 이렇게 다양한 언어들 중 유사한 몇 단어들이 있다는 것이 학자들의 의견이다. 인간의 구강 구조상 제일 먼저 나타나기 쉬운 음운들이 '아, 어, 으, 이'와 같은 모음일 것이고, 이들은 감정 표현(화남, 놀람, 아픔 등)을 하는 감탄사로 출발할 가능성이 높아 보인다. 이들 모음들은 입을 벌리고 공기를 폐에서 입으로 배출할 때 나오는 자연스럽고 본능적 자질의 소리이기 때문이다.

다음으로 폐에서부터 나오는 소리를 입에서 잠깐 막아 장애를 주면 울림소리는 'amamamama…', 안울림소리는 'apapapap…'로 나타난다. 이때 각 어족별로 음절을 어떻게 끊느냐에 따라 한국어처럼 'ama(엄마)/apa(아빠)'가 되기도 하고, 영어처럼 'mam(엄마)/papa(아빠)', 중국어처럼 'mama(엄마)/bà(아빠)'가 되기도 하고, 일본어처럼 'mama(엄마)' 등이 되기도 한다. 구글 번역기의 도움을 받아 기타 언어들에 나타난 '엄마/아빠' 해당어의 발음들은 알아보면 다음 표와 같다.

순	언어	엄마 지칭어	아빠 지칭어
1	갈리시아어	mamá	pai
2	구자라트어	mōma	pitā
3	그루지야어	mom	
4	그리스어	mamá	bampás
5	네덜란드어	mam	pa
6	네팔어	āmā	
7	노르웨이어(보크몰)	mom	pappa
8	독일어	mama	papa
9	라오어	ban mom	pho
10	러시아어	mama	papa
11	마라티어	āī	bābā
12	마오리어	mama	papa
13	벨로루시어	mama	papa
14	벵골어	mā	bābā
15	세부아노	mama	papa
16	소말리아어		aabaha
17	순다어		bapa
18	스와힐리어	mama	baba
19	스웨덴어	mamma	pappa
20	아이슬란드어	mamma	pabbi
21	아이티 크리올어	manman an	papa
22	아프리칸스어	ma	pa
23	알바니아어	mami	baba
24	요루바어	mama	baba
25	우크라이나어	mama	papa
26	이그보어	mamam	papam

순	언어	엄마 지칭어	아빠 지칭어
27	이탈리아어	mamma	papà
28	자바어		bapak
29	체와어	mayi	bambo
30	칸나다어	mām	appa
31	타밀어	am'mā	appā
32	타직어	modar	padar
33	터키어	anne	baba
34	포르투갈어	mamãe	pai
35	힌디어	mām	

한편 프랑스의 언어학-선사인류학연구협회 방셀 박사 팀은 인류의 조상인 네안데르탈인의 아기가 처음 사용한 말이 아마도 통상 아빠를 뜻하는 '파파(papa)'이었을 것이라고 추정한 바 있다.

방셀 박사 팀은 14개 주요 어족들을 대상으로 언어의 기원을 조사한 결과 놀랍게도 1천여 개 언어 가운데 약 700개 언어에서 '파파'란 단어가 존재한다는 사실을 발견했다. 또 단어 '파파' 중 71%는 공통적으로 아버지 혹은 부계 쪽 남자 친척을 뜻했다.

방셀 박사는 "이런 결과는 우연의 일치 이상이 아니겠느냐"며 "'파파'란 단어가 동일한 뜻을 갖고 있는데 대해서는 한 가지 설명만이 가능하다. 즉, 동일한 어원을 갖고 있다는 것"이라고 설명했다.

현재 전 세계에서 사용되는 6천여 개 언어 가운데 상당수는 '마마(mama)'와 '파파'와 같은 아주 가까운 친족을 나타내는 단어들을 공유한다.

이로 미뤄볼 때 이런 단어들은 10만 년 전, 혹은 최소한 5만 년 전으로 거슬러 올라가 인류의 조상이 구사한 언어의 원형에 뿌리를 두고 있다는 설명이 가능하다고 연구진은 말했다.

그러나 '파파'와 같이 동일한 발음을 내는 단어들이 각 언어마다 완전히 독립적으로 따로따로 생겨났을 수 있다는 주장도 설득력을 갖고 있다고 뉴사이언티스는 지적했다. 이런 단어들은 아기들이 쉽게 발음할 수 있는 단어들이기 때문이다.

또 별로 상관없는 언어들 사이에 이런 단어들이 얼마나 자주 사용되는지에 대한 정보가 없는 상황에서 동일어근설을 뒷받침해줄 근거를 찾기는 힘들다고 뉴사이언티스트는 말했다. 실제로 영어의 '데이(day)'와 스페인어의 '디아(dia)'는 유사한 의미와 발음을 가졌지만 각각 독립적으로 발생한 것으로 알려져 있다.

방셀 박사도 "결정적 증거는 찾기 어려울 것"이라며 "우리가 네안데르탈인에게 물어볼 수도 없는 것 아니냐"고 말했다. 이번 연구결과는 이달에 영국 옥스퍼드에서 열리는 '언어의 기원 및 정신질환 학술회의'에 제출됐다.

– 〈서울연합뉴스〉 2004.7.22. 최이락 기자 –

유아어에 밥을 지칭하는 '맘마'도 발음상 'amamam…'의 'mama'와 연관이 있다. 한편 '아빠'의 지칭어는 'apapap…'에서 유래된 것이 많지만, 적지 않게 'adadad…'계열도 나타난다. 이는 입술을 터트리면서 나타나는 'apapa…'계열보다 치조(齒槽), 즉 잇몸에 혀를 접촉하면서 장애음을 형성할 때 나타나는 경우로, 입술소리보다는 음역(音域)이 더 구강 쪽으로 치우친 경우이다. 이와 같은 경우의 언어들도 제시하면 다음과 같다.

순	언어	아빠 지칭어	순	언어	아빠 지칭어
1	그루지야어	dad	14	신할라어	taātataā
2	덴마크어	dad	15	아일랜드어	daid
3	라틴어	dad	16	아제르바이잔어	dədə

순	언어	아빠 지칭어	순	언어	아빠 지칭어
4	루마니아어	tata	17	영어	dad
5	마케도니아어	tato	18	우즈베크어	dada
6	말라가시어	dada	19	웨일즈어	dad
7	몰타어	dad	20	줄루어	dad
8	몽어	dad	21	체코어	táta
9	버마어	abh	22	크로아티아어	tata
10	보스니아어	tata	23	타갈로그어	tatay
11	불가리아어	tatko	24	폴란드어	tata
12	세르비아어	tata	25	하우사어	dad
13	슬로바키아어	táta			

그러나 이러한 유사성에도 지칭어가 유사하다고 하여, 세계 언어가 한 언어에서 기원했다는 설은 매우 조심스러운 주장이다. 인칭어나 호칭어, 감탄사 등의 일명 기초어휘들이 비슷함은 인간의 발음기관 구조상 나타나는 현상으로, 일부분에 불과할 뿐이며, 다른 기초어휘들을 더 조사하다보면 같음보다 다름이 훨씬 많기 때문이다.

아기가 태어나서 가장 먼저 필요한 말은 무엇일까? 우선 배고픔, 아픔, 기쁨 등의 감정 표현이 가장 먼저일 것이다. 이는 울음소리나 '아!, 으!' 등의 단순한 소리로 가능할 것이다. 그 다음에 서서히 언어지각능력이 발달하며, 자기 주위에 항상 있는 엄마나 아빠를 부를 호칭어가 필요하고, 배고픔을 표현할 수준 있는 표현방식이 필요했을 것이다. 이렇게 해서 나온 말이 바로, '엄마, 아빠, 맘마'로 봄은 억측은 아닐 듯싶다.

03

방언 조사 참 재밌어요

우리는 흔히 방언을 사투리와 같은 개념으로 보지만, 방언의 의미는 범위가 사투리의 의미역보다 좀 더 넓다. 방언은 '한 언어에서, 사용 지역 또는 사회 계층에 따라 분화된 말의 체계', 사투리는 '어느 한 지방에서만 쓰는, 표준어가 아닌 말'로 정의한다. 방언은 분화에 초점을 맞춘 개념이며 사투리보다 넓은 의미를 지닌다면, 사투리는 지역성에 초점을 맞춘 개념이라 할 수 있다. 이러한 방언을 조사하는 것은 국어 어휘를 다양화하고 풍부하게 할 뿐만 아니라 고어(古語)를 재구(再構)하는 데 큰 도움을 주고, 아름다운 우리말을 되살리는 계기가 되기도 한다. 따라서 방언 조사는 더 이상 방언이 소멸되기 전에 조사할 가치가 충분한 활동이다.

이러한 방언조사에 있어 무엇보다 중요한 것은 정확한 방언 제보자를 선정하는 것이다. 따라서 각 동네의 이장이나 새마을지도자, 부녀회장, 동네 슈퍼 주인 등의 도움을 받아, 미리 제보자로서 요건을 갖춘 사람을 선정해야 큰 탈이 없다.

제보자를 잘 만나야 그 지역을 대표하는 방언의 모습을 제대로 알 수 있지, 그렇지 않으면 큰 실수하기 십상이다. 우리의 방언조사도 1970년대까지는 설문지를 사용하거나 문헌을 참고하거나 제보자의 요건을 생각하지 않고 선정하는 누를 많이 범했다. 그러나 1987년 한국정신문화원에서 주관한 〈한국방언자료집〉의 전국방언조사 때부터는 제보자를 제대로 선정하기 시작하였다.

그러면 과연 좋은 방언 제보자는 어떤 사람일까?

1. 그 지역 '토박이'이어야 한다. 그것도 최소한 3~4대는 그 곳에서 산 사람이어야 한다. 또한 토박이이되 어머니 또한 그 지역 사람이어야 좋다. 어머니가 타지의 사람이면 그 지역의 토박이는 맞지만 제보자로서는 적당하지 않기 때문이다.

2. 공직생활, 대민사업, 외지 생활을 하지 않은 사람이어야 한다. 공직생활이나 대민사업을 하는 사람은 타지의 언어에 영향을 받거나 공식어를 의도적으로 사용하면서 방언의 제보자로서는 자격이 좀 부족한 편이다. 외지 생활을 주로 한 사람도 타지의 언어 영향을 결코 무시할 수 없기에 좋은 제보자로서는 부족하다.

3. 나이가 많을수록 좋고, 노인 중에서도 남성보다는 통상 여성화자가 제보자로 적격이다. 연로자는 방언의 옛날 형태를 고스란히 유지할 가능성이 높고, 그중 특히 할머니들이 할아버지보다 외부와의 소통과 교류가 잦지 않기 때문에 방언의 고유 형태를 지니고 있을 가능성이 높다.

4. 치아가 고르고 다 갖춰진 제보자가 좋다. 발음기관에서 치아는 잇몸소리와 마찰음에 중요한 역할을 한다. 따라서 치아가 고르지 못하고 이가 빠진 제보자는 발음이 새고 정확한 발음이 힘들 뿐만 아니라 청각적 인상도 선명하지 않아 조사원이 정리하기 힘들다. 물론 치아뿐만 아니라 다른 기관의 신체적 기능도 정상이어야 함은

당연하다. 귀도 밝아야 하고 말을 더듬거나 비음(鼻音)이 있어 발음 자체가 정확하지 않은 제보자도 좋지 못하다.

5. 무학(無學)일수록 좋은 제보자이다. 정규 학교교육을 받은 사람은 표준어 교육을 받는다. 따라서 표준어에만 사람이 노출된다면 방언을 일부러 기피하려는 현상이 나타난다. 게다가 말을 할 때도 그저 생각나는 대로 말하지 않고 한 번 생각하여 품위 있는 표준어를 찾아 쓰려고 노력한다. 자연스런 발화에서 방언은 쉽게 구현된다. 결국 학교교육을 오랫동안 받은 제보자보다는 그렇지 않은 제보자가 방언조사에는 적격이다.

6. 도시보다는 농어촌, 특히 교통이나 통신이 아주 불편한 오지일수록 더더욱 좋은 제보자가 된다. 주위 타 지역의 언어와 되도록 섞이지 않고 그 지역에서 오롯이 살아남은 언어가 방언으로서 적격이라는 말이다. 그러나 이곳에서 유의할 점은 그 지역의 사람들만이 쓰는 은어(隱語)나 창조어가 자칫 방언으로 오해될 수 있음을 명시하고 수록 시 유념해야 한다.

7. 경제적으로는 너무 가난하지 않고 그럭저럭 생활을 유지해가는 중산층 정도가 좋다. 그런 경우가 대체로 오랫동안 그 지역에 살 가능성이 높기 때문이다.

이상과 같은 요건을 지닌 제보자를 구하기란 말처럼 그리 쉬운 일이 아니다. 방언 조사를 위해 현장에 나가보면 요건들을 다 충족하는 제보자는 거의 없고, 요건 중 네댓 가지만 충족하는 제보자만 구해도 천만 다행이다.

필자는 대학원 시절 몇 명과 함께 충남 공주시 ○○면 소재 마을로 방언 조사를 나간 일이 있다. 조사를 나가기 전 충분한 교육과 전사(傳寫) 기록요령(방언을 옮겨 쓰는 과정)을 숙지했음에도 불구하고, 현장 속에서 방언을 조사하기란 여간 만만치 않았다. 마을 초입 둥구나무 아래 놓인 평상에서 미리 연락해 둔 이장님을 만나, 방언 조사의 취지를 알리고 협조를 부탁했다. 그리고 어느 한 할머니를 소개받았다. 제보자의 요건을 대여섯 가지 충족한 분이셨다.

할머니 댁을 찾아갔다. 그때 우리는 말쑥한 옷차림새로 한 손에 큼지막한 녹음기, 한 손에는 음료수 한 상자, 다른 한 손에는 각종 인쇄물과 방언관련 책자, 또 다른 한 손에는 가방 등등을 소지하고서.

그런데 이게 잘못인 것이었다. 최소한 방언 조사를 나갈 때는 옷도 농촌사람들처럼 비슷하게(어쩌면 좀 허술하고 촌스럽게) 입성을 차리고, 녹음기도 되도록 보이지 않도록 해야 함을 잘 몰랐다. 우리의 차림새를 보신 할머니는 곧추 자리를 바로 잡고, 자신의 품위를 잃지 않으려고 노력하는 모습이 역력했다. 이런 분께 녹음기를 옆에 두고, 방언 조사를 했으니, 할머니로부터 방언을 얻기는 애당초 글러버렸다. 할머니는 평소 쓰시던 방언형을 구사하시지 않고 또박또박 표준어를 구사하시려고 노력하셨다. 자기가 젊은 학도들에게 관심이 집중되며 그들의 따가운 시선을 받으실 때, 흔한 말로 '깔보이지 않으려는 당신만의 행위'가 표출되는 것은 어쩌면 당연지사이다. 결국 이날 방언조사는 접고 말았다. 방언이 통 나오지 않았기 때문이다.

다음날 다른 분을 소개받았다. 전날 할머니보다는 제보자로서 좀 덜 충족한 요건을 지녔지만, 달리 방법이 없었다. 할머니를 찾아뵐 때, 막걸리 세 동만 가지고 이웃집에 놀러가듯 간소한 차림으로 방문했다. 두어 시간 이런저런 잡다한 이야기를 하며 할머니와 친분을 쌓았다. 일단 우리(청년)들로부터 거리감을 일소하기 위한 방책이다. 이튿날 녹음기를 몰래 숨기고 재차 방문하여 툇마루 밑에 감추었다. 그리고 전날처럼 자연스런 대화를 유도했다. 그러면서 '참! 이러이러하게 생긴 걸 무어라고 하지요?' 그러면 할머니는 자연스레 '아! 그거 ○○라고 혀' 처럼 곧잘 말씀하셨다. 때론 미리 준비해 간 그림이나 사진을 제시하며 여쭈면 가식 없이 방언을 생산해주셨다. 이렇게 조사하여 돌아온 우리들은 녹음기를 재생하며 소리를 다시 재구했고, 간혹 발음이 불명확한 경우는 네 명 이상이 느낀 청각적 인상으로 그 발음 형태를 확정했다.

그러나 여기에서 짚고 넘어갈 것이 있다. 방언이라 해서 반드시 품위가 낮고 형편없음을 뜻하지 않는다는 것이다. 우리가 표준어를 삼은 곳이 수도인 서울지역의 방언을 설정했기 때문이지, 수도가 다른 곳이었으면 표준어도 응당 달라지기 때문이다. 언어학자들은 흔히 언어의 우열은 없다고 본다. 심지어 어느 언어는 모음이 'a, o, u'처럼 단 세 개만 있지만 자신들의 감정을 드러내는 데 전혀 불편하지 않다. 따라서 우리의 방언도 우리에게는 더할 나위 없이 소중한 언어현상인 것이다. 이러한 방언이 더 이상 사라지기 전에 소중한 우리말로 정리하고 그 중 좋은 말은 표준어로 등재해 일상화를 서둘러야 할 것이다.

필자는 충청도 사람이다. 여기서 한 마디 해본다. 충청도 사람 말투에 대해 이런저런 말이 많다. '말이 느리다, 말이 늘어진다, 말을 길게 뺀다. 아버~지! 도올 굴러가유우~' 등등. 게다가 이런 말투 때문인지 '멍청도'라는 불명예를 입에 오르내릴 때도 있다.

그러나 충청도 말투가 느리고 늘어질지언정 발화시간을 계산하면 고도의 압축 문장을 구사하기 때문에 결코 길지 않다. 충청도 사람끼리 아주 간단하게 하는 말투를 보자.

(표준 문장) 보신탕 드실 줄 아십니까? → 개혀/개햐?

(표준 문장) 같이 이 일을 하시겠습니까? → 헐튜?/할겨?

(표준 문장) 맘에 들지 않아도 그냥 하시겠습니까? → 걍햐?

(표준 문장) 무엇을 하시고 계십니까? → 뭐햐/뭐혀?

(표준 문장) 이 일을 다 마치셨습니까? → 헌겨?/했슈?

(표준 문장) 이것이 맞습니까? → 긴겨?

(표준 문장) 괜찮습니다. → 됐슈.

(표준 문장) 돌아가셨습니다. → (기냥) 갔슈.

(표준 문장) 왜 그러십니까? → 왜그랴?

(표준 문장) 이렇게 하는 것이 어떻습니까? → 어뗘?

(표준 문장) 내일 또 봅시다 → 녈봐

정말로 이 문장들, 기가 막히게 경제적이지 않은가? 불과 이삼 음절이면 자신의 생각을 충분히 드러내니 말이다.

04

최근 표준어로 인정되는 단어들

하루가 다르게 변하는 시대이다. 아니다. 어쩌면 시간대별로 변하고 지금 이 순간도 변화의 소용돌이 속에서 있을지 모르겠다. 언어가 언중들의 템포를 따라가지 못하고 질질 끌려간다고들 한다. 과거 소통이 부재하거나 활발하지 못했을 때에 비하면, 지금은 참으로 전광석화처럼 빠르게 지나가는 시대이다. 특히 방송 매체의 영향력은 생각 외로 막강하다. 이에 따라 일부 지역의 방언들이 쉽게 널리 퍼지고 또 일상화가 되면서 방언이라는 인식이 사그라지는 것이 다반사다.

이에 따라 국어정책을 관장하는 국립국어원에서도 이제는 더 이상 늦출 수 없다 생각하여 발 빠르게 움직이고 있다. 최근 이에 따라 방언 어휘들이 표준어로 인정받은 경우를 제시하면 다음과 같다.

◈ 2011년 추가 표준어 목록(39항목)

- 복수 표준어(11항목) : 간지럽히다(간질이다), 남사스럽다(남우세스럽다), 등물(목물), 맨날(만날), 묫자리(묏자리), 복숭아뼈(복사뼈), 세간살이(세간), 쌉싸름하다(쌉싸래하다), 짜장면(자장면), 택견(태껸), 토란대(고운대), 품새(품세), 허접쓰레기(허섭스레기), 흙담(토담)

- 별도 표준어(25항목) : -길래(-기에), 개발새발(괴발개발), 나래(날개), 내음(냄새), 눈꼬리(눈초리), 떨구다(떨어뜨리다), 뜨락(뜰), 먹거리(먹을거리), 메꾸다(메우다), 손주(손자), 어리숙하다(어수룩하다), 연신(연방), 휭하니(힁허케), 걸리적거리다(거치적거리다), 끄적거리다(끼적거리다), 두리뭉실하다(두루뭉술하다), 맨숭맨숭/맹숭맹숭(맨송맨송), 바둥바둥(바동바동), 새초롬하다(새치름하다), 아웅다웅(아옹다옹), 야멸차다(야멸치다), 오손도손(오순도순), 찌뿌둥하다(찌뿌듯하다), 추근거리다(치근거리다)

◈ 2014년 추가 표준어 목록(13항목)

- 복수 표준어(5항목) : 구안와사(구안괘사), 굽신(굽실), 눈두덩이(눈두덩), 삐지다(삐치다), 초장초(작장초)
- 별도 표준어(8항목) : 개기다(개개다), 꼬시다(꾀다), 놀잇감(장난감), 딴지(딴죽), 사그라들다(사그라지다), 섬(섬뜩), 속앓이(속병), 허접하다(허접스럽다)

◈ 2015년 추가 표준어 목록(11항목)

- 복수 표준어(4항목)현재 표준어와 같은 뜻을 가진 표준어로 인정한 것 : 마실(마을), 이쁘다(예쁘다), 찰지다(차지다), -고프다(-고 싶다)

* '마실'은 '이웃에 놀러 다는 일'이라는 뜻에 한정하여 표준어 인정

- 별도 표준어(5항목)현재 표준어와 뜻이 다른 표준어로 인정한 것 : 꼬리연(가오리연), 의론(의논), 이크(이키), 잎새(잎사귀), 푸르르다(푸르다)
- 복수 표준형(2항목)현재 표준적인 활용형과 용법이 같은 활용형으로 인정한 것 : 말아/말아라/말아요(마/마라/마요), 노랗네/동그

랗네/뿌옇네/……(노라네/동그라네/뿌여네/……)

◈ 2016년 추가 표준어 목록(6항목)

- 별도 표준어(4항목) : 거방지다(걸판지다), 건울음(겉울음), 까다롭다(까탈스럽다), 실몽당이(실뭉치)
- 복수 표준형(2항목) : 에는(엘랑), 주책없다(주책이다)

* 괄호 안은 기존 표준어

이상을 보면, 2011년도에는 오랫동안 인정받지 못해 묵혀 있던 것을 봇물 터지듯 39항목이나 새롭게 표준어로 인정하였고, 그 이후에도 최근 2년 간 10여 개 가량을 새롭게 표준어로 인정하였다. 빠르게 진화하는 사회 현상 속에서 각종 정보기기와 방송통신의 발달은 사람들의 교류를 더욱 촉진시켰다. 이에 따라 언어에 대한 전파 속도 또한 예상 외로 빨라지고 있다. 따라서 매년 10여 개의 새로운 표준어 인정은 어쩌면 그 수가 적은 편일 수도 있으리라. 그러나 이보다 많은 수가 매년 표준어로 인정되는 것에 필자는 반대한다. 사회 공인 언어로서 표준어가 시류에 따라 급속하게 변한다는 것은 표준어 정책이 끌려가는 인상을 강하게 받을 수 있기 때문이다. 이로써 언중들은 자칫 혼동에 빠지기 쉽고, 때론 비표준어도 언젠가는 표준어가 되리라는 확신에 줄기차게 그 사용을 고집할 수 있다.

05

10년 안에[1] 언어 장벽은 없어질까

다음 기사는 배준호 기자가 이투데이 신문에 2016년 2월 2일자로 쓴 기사문입니다.

미국 월스트리트저널(WSJ)이 지난달 29일(현지시간) 흥미로운 기사를 내놓았습니다. 기계 번역의 발달로 앞으로 10년 안에 언어장벽이 사라진다는 것입니다.

– (중략) –

물론 이 대목은 WSJ가 다소 과장되게 표현했다는 느낌이 듭니다. 실제로 구글 번역기를 작동시켜 영어로 된 신문기사를 한글로 바꿔보면 도무지 뜻이 통하지 않아 여전히 원문을 보는 것이 편합니다.

그러나 딥러닝 등 인공지능(AI) 기술의 급격한 발전과 컴퓨터의 놀라울 만큼 막대한 정보 처리 속도, 데이터 축적 정도를 감안하면 컴퓨터 번역과 통역이 인간을 대체할 날도 의외로 빨리 올 수 있다는 생각이 듭니다. 지금도 각종 번역 기계들이 2억여 명의 사람을 위해 매일 10억 회 이상의 작업을 처리하고 있다고 하네요. 특히 어순과 단어 등이 비슷한 언어 간의 번역은 상당히 높은 수준에 도달한 것 같습니다.

1) 이 부분은 내용을 쉽게 전달하기 위해 '하십시오체'를 의도적으로 씁니다.

– (중략) –

WSJ는 작은 이어폰을 장착하면 상대방에게 외국어로 자연스럽게 말을 건네거나 맞은편에서 말하는 것을 거의 동시에 모국어로 이해할 수 있는 시대가 도래할 것으로 내다봤습니다. 지금은 우리나라 사업가가 브라질에서 열린 회의에서 중국인과 대화를 할 때 둘 다 서투른 영어를 써야 하지만 앞으로는 그럴 필요가 없다는 것이지요.

유학이나 어학연수를 갈 필요도 없고 비영어권의 많은 사람도 해외 비즈니스를 수월하게 할 수 있는 길이 열리는 것입니다. 심지어 수화를 인식해 스마트폰에서 음성으로 전환하는 기술도 현재 개발 중입니다. 청각 장애인들이 사회에서 더 원활하게 소통할 수 있는 길이 열리는 것입니다.

– (하략) –

과연 위 기사가 실현될까요? 정말 꿈같은 이야기이고, 믿어지지 않습니다. 우리나라는 국제화의 기치 아래 전 국민이 영어에 죽자 살자 매달려 온 지 반세기가 넘습니다. 그러면서 외국인을 만나면 두렵고 벌벌 떠는 것이 작금의 현실이었고요. 그런데 이러한 걱정을 이제는 하지 않을 듯하니, 정말 쾌재를 부를 만한 일입니다. 요즘처럼 해외여행이 일상화되었음에도 불구하고, 항상 외국여행에서 자그마한 불편함은 언어소통이었거든요. 앞으로 언어소통 장애는 없어질 것입니다. 인터넷 상의 구글 번역기를 사용해보면 80% 가량은 신통하게 척척 번역을 해주니, 참으로 신기할 뿐입니다.

그런데 이것이 과연 바람직한 흐름일까 하는 고민을 해봅니다. 언어소통 번역기의 대중화는 언중들에게 모국어 이외의 언어는 등한시하는 결과가 나올 것입니다.

그러면 인간의 언어 습득은 과연 어떤 것일까요? 여러 심리학자마다 의견이 분분한데, 이에 대한 이론들 중 대표적인 행동주의 언어습득 이론자들은 언어가 경험적인 훈련에 의해 후천적으로 강화된 환경의

결과로 봅니다. 언어습득과정을 통해 인간은 무한히 인지능력을 신장한다고 하는데, 이러한 것이 사장된다면 인간은 종국에 어떤 종착역에 도착할 것인지 궁금합니다.

그러지 맙시다. 아무리 통역기와 번역기가 발달하고 남발한데도 우리는 그러지 맙시다. 더 생각하고 더 고민하며 더 좋은 표현을 쓰면서 삽시다. 그것이 인류가 최후까지 인간답게 살아남는 유일한 길이기 때문입니다.

06 남성어와 여성어의 차이는?

남성어와 여성어의 차이는 본질적으로 성 역할의 차이에서 비롯되었을 것이다. 좀 더 깊이 들어가면 사회적 역할의 차이, 생활영역의 차이, 문화적 원인, 기질적 원인, 신체적 원인 등에 의해서 나타난다고 할 수 있다. 위의 다섯 가지 이유로 인해 남성어와 여성어의 차이는 생겨날 수밖에 없었다. 여성어와 남성어의 차이가 있기는 하지만 별개의 언어라고 할 수는 없다. 다만 상호이해가 가능한 공통언어의 변이어이거나 사회어라고 할 수 있다.

위와 같은 원인들에 의해 여성들은 여성들만의 언어를 만들어내고 그 언어는 조금씩 모든 여성의 어법에 스며들어 사회전반에 사용되는데, 이렇게 형성된 흐름으로 여성어와 남성어가 다르게 나타난다.

먼저 사회적 역할의 차이에서 비롯되는 경우를 보자. 역사적으로 남성들은 육체적인 힘과 기술에 관련된 사회적 역할을 꾀하였다. 따라서 여성에 비해 힘 있고 거칠며 기술과 연관된 어휘가 발달된 편이다. 이에 반해 여성의 어휘는 가정적인 세심함과 예술에 관련된 것들이 발달하였다. 남성들은 '파괴, 혁명, 개혁, 압력' 등의 어휘 사용이 잦고 기술과 관련된 용어의 사용빈도수가 높다. 반면에 여성들은 '아름다움, 꾸밈, 색조, 우아' 등처럼 미적 추구나 부드러움에 연관된 용어 사용이 많다.

생활영역의 차이에서 비롯된 경우를 보자. 남성은 바깥 생활에 치중하면서 도전적이고 활발한 생활을 추구한다. 반면 여성은 가정생활에 치중하면서 수용적이고 얌전하며 겸손한 생활을 추구한다. 남성이 '어머, 어쩜' 감탄사를 사용하는 것은 보기 힘들며, 여성은 '야!, 크하' 등과 같은 감탄사 사용을 지양한다. 또한 생활을 하며 남성들은 단순한 편을 지향하는 반면, 여성들은 복잡한 면을 지향하는 편이다.

문화적인 원인에 따라서도 남성과 여성의 언어는 차이가 난다. 남성은 개방적이고 변화를 추구하는 면이 강한 반면, 여성은 보수적이며 변화를 두려워하는 면이 좀 더 강하다고 한다. 따라서 남성은 방언을 부끄럽지 않게 당당하게 쓰는 경향이 많은 반면, 여성은 표준어를 남성에 비해 훨씬 많이 구사한다. 문화적인 면에서 여성은 남성보다 고품격을 지향하는 경향을 보인다.

기질적 원인에 기인한 경우를 보자. 남성들은 승패를 중시하고 과업을 지향하며 목표를 중시하는 사고를 대체로 지닌다. 또한 스포츠나 경쟁적 분위기를 즐기며 감정 표현이 서툴고 공격적인 양상을 띤다. 이에 반해 여성들은 과정을 중시하고 정적이며 감정에 치우치는 경우가 많다. 또한 화목한 인간관계를 중시하고 세심한 편이다. 따라서 남성들은 낮고 큰 톤(Tone)의 억양을 주로 사용해 발화하지만, 여성들은 높고 가는 톤(Tone)의 억양을 주로 구사한다.

신체적 원인에 따라서도 남성과 여성은 차이가 있다. 좌뇌가 주로 발달된 남성은 논리적 순서나 추리를 비롯해 시각지각능력이 발달하였다. 또한 수리 능력이 발달되어 있고 분석적인 사고를 잘 하는 편이다. 본능적이고 충동적인 면도 강한 편이다. 이에 반해 우뇌가 발달은 여성은 감성적이고 디자인 능력과 공간 사고 능력이 잘 발달된 편이다. 아울러 이성적이고 규범적인 측면이 여성에겐 강하다. 따라서 '논리, 전개, 구성, 지리' 등과 관련된 어휘를 남성들은 많이 사용하고, 여성

들은 '감성, 순수, 표현' 등과 관련된 어휘들의 사용이 잦다.

그러나 이상에서 밝힌 남성과 여성의 언어적 차이는 경향이 그렇다는 이야기이지, 요즘처럼 성 분화가 파괴되는 상황에서는 가당치 않은 이야기일 수 있다.

07

작고 귀여운 유아들의 언어

거리를 지나다 노란 병아릿빛 원복을 입고 소리 맞춰 지나가는 유아들을 보면 지나는 행인이 웃음을 머금을 수밖에 없다. 앙증맞고 새초롬하니 고사리 손을 이리저리 흔들며 가는 모습은 정말이지 귀여움의 최고조가 아닐까?

유아들은 말을 배우기 시작하였을 때부터 어떤 일정한 궤도를 보여주는데,

첫째, 유아들은 반복을 통해 기쁨을 주로 얻는다. '빠방빠방, 메롱메롱, 탕탕' 등이 그 예이다. 특히 의성어나 의태어에서 이러한 첩어가 많이 나타난다.

둘째, 유아들은 발음이 곤란하거나 낯선 것은 회피하는 현상이 두드러져, 음절이나 음운을 축약하는 현상이 나타난다. '뱅기(비행기), 하버지(할아버지)' 등이 대표적이라 할 수 있다.

셋째, 자신만의 일반화 원칙을 설정하고 그에 따라 표현한다. 예를 들어, 가장 큰 것부터 작은 것으로 서열화 될 경우, '아빠 → 엄마 → 형아 → 아가' 등의 일반화를 적용하고 그에 따라 모든 것을 이에 맞춘다.

넷째, 시제에 관련된 어휘를 사용할 때 정확하지 않는 경우가 많다.

'나 어제 집에 갈 거야.', '나 옛날에 다섯 살이다.' 등이 그것이다.

다섯째, 의미를 혼동해서 쓰는 경우가 많다. '나 눈에 땅(흙)이 들어갔어요.', '꽃에 눈물(이슬)이 떨어져요.' 등이 그것이다.

여섯째, 자신만의 독창적 어휘를 만들어 쓴다. '엄마! 옥고(고모) 언제 와?', '와! 코끼리차(포클레인)다.' '코– 자다.' 등의 표현을 쉬 느꼈을 것이다.

일곱째, 감탄사를 많이 사용하는 경향이 있다. '아이쿠야!', '아부부!(놀랄 때나 두려울 때)' 등처럼 말이다.

여덟째, 어떤 사실의 상태나 음향을 모방해서 상징어를 표현하는 때가 많다. 그림책의 닭을 보고 '꼬꼬', 자동차를 보고 '빠방이' 등으로 표현한다.

유아어를 연구하는 학자[2]들에 의하면 유아는 출생 후 1년 정도 되면 남이 알아들을 수 있는 단어를 말하기 시작하여 연령의 증가와 함께 어휘의 수도 증가한다고 한다. 유아들이 초기에 배우는 어휘들은 유아 주변의 사물들이며, 친밀도나 관심에 따라 습득된다고 한다. 특히 유아의 성장에 직접적인 영향을 끼치는 엄마, 아빠의 어휘로부터 시작하여 가족들의 이름이나 호칭, 항상 가까이 있는 동물이나 물건 등이 초기에 주로 습득하는 어휘들이다.

유아의 단어 습득에 관한 연구는 스미스의 연구 결과[3]를 대표적인 예로 드는데, 10개월 정도면 한 단어, 1년 반이 되면 22개 단어, 2년에는 227개, 2년 반이면 446개, 3년이면 896개, 4년이면 1,540개, 5년이면 2,072개, 6년이면 2,562개의 단어를 습득한다고 한다.

2) 이연섭 · 강문희(1986), 유아의 언어교육, 창지사, 79~80쪽.

3) 주영희(1984), 유아를 위한 언어교육, 교문사.

아이를 키우며 하루가 다르게 어휘 사용수가 늘어남을 볼 때, 부모는 마치 천재 자식을 둔 듯한 착각에 사로 잡혀 기쁘고 뿌듯할 뿐이다. 이러한 아이들이 많은 어휘를 사용함도 중요하지만, 좋은 말, 고상하고 아름다운 말을 많이 접하면서 그들이 펼칠 사회를 풍요롭게 만들기를 희망해 본다.

08

어떤 단어를 많이 사용할까

언어학자 본스타인의 연구(1998)에 의하면, 초등학교 입학 연령인 8세 때까지 어린이는 500만 단어에 노출되고, 그중에서 13,000 단어를 습득하며, 고등학생이 되기까지 10만 단어까지 습득한다고 한다. 우리는 일상생활에서 하루에 5~6천 단어를 사용하고, 특별히 말을 업으로 사는 직업군에서는 1만 어휘 가량을 사용한다고 한다. 우리가 그동안 무의식중에 배우고 사용하는 어휘수가 상상 외로 많음을 느꼈으리라.

현재까지 최대 어휘를 수록한 국어사전은 1999년 국립국어원에서 발간한 〈표준국어대사전〉으로, 509,076개의 어휘가 수록되었으며, 2008년부터 국립국어원 누리집에서 온라인으로 제공하고 있는 표준국어대사전에는 2014년 현재 511,160개의 어휘가 수록되어 있다고 한다. 우리 국어의 어휘가 이 정도로 방대함에 또 한 번 놀랍기도 하다.

그런데 이렇게 엄청난 정도의 어휘 중에도 자주 사용하는 어휘나 음운은 무엇일까? 국립국어원에서 2000년대 초, 3년에 걸쳐 현대 국어의 사용 빈도를 조사한 적이 있다. 문학 작품, 신문, 잡지 등으로 나누어 적당한 분량의 자료를 표본으로 조사하였다고 한다. 2005년 김한샘 국립국어원 연구원의 〈현대 국어 사용 빈도 조사 2〉라는 연구결과 보고서에 따르면, 자모 중에는 초성의 'ㅇ'을 가장 많이 사용하고, 다음으로 중성의 'ㅏ, ㅣ', 다음은 초성의 'ㄴ, ㄱ' 순으로 사용한다고 한다. 또 음절의 빈도를 보면, '이'가 가장 많이 쓰이고, 다음으로 '다, 는, 의, 을, 고, 가, 하, 지' 등의 순이었다.

이 외에도 일반 단어 중에는 의존 명사 '것'이 최고이고, 그 다음으로 '하다(동사), 있다(보조 용언), 있다(형용사), 되다(동사)' 등의 순서였다. 고유명사는 '한국'이라는 단어가 가장 많이 사용하였으며, 그 다음으로 '미국, 일본, 서울, 김' 순이었다.

이러한 결과를 통해 볼 때, 자모 중에서 초성의 'ㅇ'을 사용한다는 것은 큰 의미가 없다. 왜냐하면 그 자음의 음가는 없기 때문이다. 그렇다면 결국 자모 중에서 'ㅏ'가 가장 많이 사용된다는 이야기이다. 'ㅏ'는 중설 부위에서 나오는 저모음으로 입을 크게 벌리고 내지르는 소리가 바로 그 모음이다. 세계적으로도 기본 모음은 'ㅏ[ɑ], ㅗ[o], ㅣ[ɯ]'라 하는데, 이는 입 모양만 조금씩 바꿔 가면 쉽게 발음할 수 있는 모음들이다. 이러한 현상은 음절의 빈도수에도 영향을 주어, '이'가 가장 많이 사용된 것도 관련이 있다.

일반 단어의 경우를 보자. 의존 명사 '것'은 참으로 사용에 유용함이 많다. '것'을 사전에 찾아보면 다음과 같이 뜻풀이가 나온다.

◈ 것[걷] 【의존명사】

① 소유격 조사 '의' 또는 관형사(冠形詞) · 관형어 뒤에 붙어, 그 물건 · 사실 · 현상 · 성질 등을 나타내는 말.

—● 형의 ~

—● 새로 산 ~과 낡은 ~.

② 사물 · 일 · 현상 따위를 추상적으로 가리키는 말.

—● 입을 ~

—● 좋은 ~.

③ 사람을 얕잡아 이르거나 동물을 이르는 말.

—• 되지 못한 ~들.

④ ('—ㄹ/은 것이다'의 꼴로 쓰여) 말하는 이의 확신 · 결정 · 결심 · 추측을 나타내는 말.

—• 내일은 비가 올 ~이다

—• 빨리 왔으면 좋았을 ~을.

⑤ '—ㄹ' 뒤에 붙어 명령하는 글을 끝맺는 말.

—• 잔디밭에 들어가지 말 ~

—• 손을 깨끗이 씻을 ~.

【준말 앞에】 거.

애초에 언어는 명사에서 비롯해 동사나 형용사로 발전해 갔다는 통설처럼, 가장 많이 쓰이는 어휘 중 명사 '것'이 된 것은 어쩌면 당연한 귀결일 것이며, 이 어휘의 통용성과 다양성을 생각하면 더더욱 그러한 결과는 지당할 것이다.

그 다음 빈도수를 자랑하는 '하다'를 보자.

◈ 하다【타동사】【여 불규칙】

① 의식적 또는 무의식적으로 무슨 목적을 위하여 움직인다.

—• 산책을 ~

—• 독서를 ~.

② 음식물 따위를 먹거나 마시거나 담배 따위를 피우다.

—• 한 잔 ~

—• 점심은 냉면으로 한다.

③ 어떤 상태나 표정을 지어 나타내다.

—— 무서운 얼굴을 ~.

④ 조사 '로' · '으로' 등의 뒤에 쓰여, '어떤 상태 · 지위가 되게 하다'의 뜻을 나타내는 말

—— 양자로 ~

—— 합격을 목표로 ~.

⑤ 어떤 상태가 되도록 결정을 짓다.

—— 이번에 유학을 떠나기로 하였다.

⑥ 어떤 지위나 역할을 맡고 있다.

—— 형이 회장을 하고 아우가 사장을 한다.

⑦ 처리하다. 처분하다.

—— 남은 돈은 어떻게 할까.

⑧ 회사나 사업체를 꾸려 나가다.

—— 서점을 ~.

⑨ 어떤 직업이나 분야의 학문을 전공으로 삼다.

—— 예술을 하는 청년

—— 학교를 졸업한 다음 무엇을 하겠는가.

⑩ ('—라고 하다'의 꼴로 쓰여) '—라고 부르다'의 뜻을 나타내는 말.

—— 그와 같은 사람을 천재라 한다.

◈ 【자동사】【여 불규칙】

① 어떤 동작이나 행위를 실천하다.

—— 남자가 하는데 여자가 못할까.

② (어미 '—고' 뒤에 쓰여) '그러한 상태이다'의 뜻을 나타내는 말.

—— 기력도 빠지고 해서 기권했다.

③ ('경' · '쯤' 등의 뒤에 쓰여) '시간이 지나다, 시간이 경과하다'의 뜻을 나타내는 말.

—— 한 일주일쯤 하니 다 완쾌되었다.

④ (금액 등을 나타내는 말 뒤에 쓰여) '얼마의 금액이다'의 뜻을 나타내는 말.

—— 천 원 하는 책.

⑤ (인용하는 말 뒤에 쓰여) '말하다'의 뜻을 나타내는 말.

—— 가난이라 하는 것은 죄가 아니다.

⑥ 윗말을 받아, '생각하다'의 뜻을 나타내는 말.

—— 아직 자나 하여 깨우러 왔다.

⑦ 앞뒤 글을 연결하는 말.

—— 고양이 목에 누가 방울을 달 것인가 하는 문제.

◈ 【보조동사】【여 불규칙】

① (동사의 어미 '—기도'의 뒤에 쓰여) 동작을 힘주어 나타내는 말.

—— 많이 먹기도 한다.

② (동사의 어미 '—려' · '—으려' · '—고자' 등의 뒤에 쓰여) 위의 동작을 실현시키려는 욕망을 나타내는 말.

—— 그 학교에 들어가고자 한다.

③ (용언의 어미 '—게'의 뒤에 쓰여) '시킴'을 나타내는 말.

—— 그리로 가게 ~.

④ (용언의 어미 '—면' · '—으면' 등의 뒤에 쓰여) 생각 · 소원을 나타내는 말.

—— 너를 만났으면 한다.

⑤ (동사의 어미 '—어야' · '—아야' · '—여야' 등의 뒤에 쓰여) 꼭 그렇게 해야 하는 당위성(當爲性)을 나타내는 말.

—— 가야 한다.

—— 몸은 늘 깨끗해야 한다.

⑥ (동사의 어미 '—기'에 '만 · 조차 · 까지 · 는' 등의 조사가 어울린 말 뒤에 쓰여) 서술을 돕고 강조하는 말.

—— 먹기만 한다.

—— 읽기는 했으나 뜻은 잘 모른다.

이 어휘는 타동사, 자동사, 보조 동사까지 사용 영역이 방대하다. 그 정도로 사용이 많다는 증거이기도 하다. 1차적 의미에서 파생된 2차적 의미가 약 10개가 됨을 보면 잘 알 수 있다.

이러한 현상은 우리말 '하다'만 그렇지는 않다. 일례로 영어의 'Get'이나 'Make'나 'Have' 등의 뜻풀이를 찾아봐도 같은 모습을 볼 수 있다.

영어에서 'Get'도 2차적 의미가 발달하였다. 1차적 의미는 '받다'의 뜻이 있지만 부수적인 2차적 의미로는 '타다, 얻다, 맡다, 차지하다, 알아듣다, 가져오다, 획득하다, 손에 넣다, 들여오다, 가지다, 타내다, 잡아타다, 점하다, 취하다, 벗어나다, 터지다, 풀리다, 끝내다, 입다, 회복하다, 마르다' 등 참으로 다양하다.

고유명사 중 빈도수가 최고인 것은 '한국'이라니. 우리나라 국민들 애국심은 알아줘야 한다. 그만큼 국가에 대한 소속감이 남다르다는 사실을 알게 되는 현상이 아닌가 한다.

09

최근 청소년의 언어현상에 대해

최근 정보기기의 발달로 언어현상에 여러 가지 모습이 나타난다. 축약어가 발달하고 된소리의 사용이 느는 현상에 대해 기성세대들의 걱정이 이만저만이 아니다. 이러한 현상 외에도 발음을 잘 못하는 경우도 나타난다.

가장 대표적인 예로 'ㅐ[ɛ]'와 'ㅔ[e]'를 구별하여 발음하지 못한다. 2002년 국립국어원에서 〈표준 발음 실태 조사〉가 이루어졌다. 이 보고서에 따르면 'ㅐ'와 'ㅔ'가 음가의 구별이 희미해져 중화되는 현상이 적게는 61.42%에서 많게는 95.71%까지 나타난다고 한다. 따라서 'ㅐ[ɛ]'와 'ㅔ[e]'의 중화음인 '[E]'로 나타난다는 것이다. 이러한 현상은 청소년들이 개모음, 즉 입을 다소 크게 벌려 내는 모음인 'ㅐ'를 충분하게 벌리지 않고 발음하기 때문이다. 이로 말미암아 '내[予]'와 '네[汝]'를 구별하지 못한다.

필자의 조사에 의하면 '네[汝]'를 청각적 인상을 분명하게 하기 위해 '니'로 발음하는 경우가 무려 56%에 달하고 있다. 이렇게 발음하는 이유를 물어보니, 67%가 '내[予]'와의 혼동을 구별하기 위해서라 답하였고, 기타 주위 사람들이 그렇게 발음하여 따라 했다는 의견(21%)과 발음상의 편리성(11%) 등이 그 뒤를 이었다. 따라서 우리의 국어 교육도 단순한 편리성을 추구함에 빠져, 소중한 모음 하나를 잃게 되는 우를 범하지 않기 위해 하루속히 혀의 높낮이와 입술의 개폐 정도에 따른 표준 발음 교육이 있어야 할 것으로 생각한다.

또 극도로 생략한 축약어가 수시로 생겨나고 사라진다. 다음은 요즘 신세대라고 하는 청소년들이 흔히 쓰는 축약어이다.

- 흔남흔녀(흔한 남자와 흔한 여자)
- 먹부림(먹고 몸부림치다)
- 브금(BGM–Back Ground Music)
- 갈비(갈수록 비호감)
- 볼매(볼수록 매력)
- 문상(문화상품권)
- 깜놀(깜짝 놀람)
- 광클(광란의 클릭 행위)
- 열폭(열등감 폭발)
- 생파(생일 파티)
- 솔까말(솔직히 까놓고 말함)
- #G(시아버지)
- 고나리자(관리자의 오타로 관리자 풍자)
- 시조새파킹(시조새가 날아다닐 만큼의 옛 이야기)
- 낄끼빠빠(낄 데 끼고 빠질 때 빠져라)
- 더럽(The love. 사랑하다)
- 세젤예(세상에서 제일 예쁜)
- 복세편살(복잡한 세상 편하게 살자)
- 제곧내(제목이 곧 내용)
- 성덕(성공한 덕후)

- 영고(영원히 고통받는다)
- 핑프(핑거 프린세스. 스스로 검색은 안 하고 물어보기만 하는 사람)
- 할많하않(할 말은 많지만 하지 않겠다.)
- 마상(마음의 상처)
- 최애(최고로 사랑[愛]하는)
- 시강(시선 강탈)
- 궁물(궁금한 것을 물어보다.)
- 고답이(고구마를 먹는 듯한 답답이)
- 먹부심(먹는 일에 대해 갖는 자부심)
- 버카충(버스카드 충전)
- 엄카(엄마 카드)
- 비담(비주얼 담당)
- 팬아저(팬이 아니어도 저장하는 사진)
- 취존(취향 존중)
- 글설리(글쓴이를 설레게 하는 리플)
- 가싶남(가지고 싶은 남자 배우)
- 인구론(인문계의 90%가 논다.)
- 따아(따뜻한 아메리카노)
- 어덕행덕(어차피 덕질(무엇에 파고 듦)할 거 행복하게 덕질하자.)
- 맥세권(맥도널드가 배달되는 역세권)

이를 두고 외계어니, 신세대어니 하는 용어를 쓰면서 청소년만의 특권 의식을 누리기도 하고, 마치 자기들만의 은어(隱語)처럼 공유하기도 한다. 이에 대해 따로 공부하지 않으면 따돌림을 당하거나 시대에 뒤떨어지는 오해를 받기도 하는 것이 요즘의 현상이다.

이에 대한 학자들의 반응도 각양각색이다. '한 때 누리는 언어 현상이니, 크게 신경 쓸 일은 아니다.'라는 입장과 '언어 파괴의 현상이니 언어순화 운동을 학교에서 대대적으로 펼쳐야 한다.'는 입장이 대등한 편이다. 그러나 전자처럼 생각하면 자칫 언어생활에 혼란이나 우스운 꼴을 보기 십상이다. 최근 젊은이들의 입사 지원서 내용 중에서 축약어가 아무 생각 없이 불쑥 나타나는 현상이 많다고들 한다. 일시적 현상으로 치부하기엔 씁쓸한 뒷맛이 남는다. 일시적 현상이 잘못하여 고정화되는 것이 큰 우려이다.

마지막으로 청소년들의 된소리화 현상을 보자. 다음의 예들은 그들이 흔히 사용하는 표현들이다.

짜식(← 자식), 꽁짜(← 공짜), 뻥까다(거짓말하다), 쌔비다(훔치다), 빽(권력), 절때(← 절대), 델꾸(← 데리고) 등

우리말의 된소리 현상은 특히 어두에서 많이 나타나며, 앞 음절의 말음이 ㄹ일 때 많은 편인데, 이러한 현상은 어감(語感)의 강조를 위한 표현으로 표준어는 아니다. 이는 청소년들이 좀 더 세고 강하게 자신을 호소하는 성향에서 비롯된 현상으로 보인다. 그러나 이 또한 부드럽고 원만한 세상을 만드는 데, 역행하는 처사가 아닌가 한다.

10

해외에서의 한국어 열풍

2016년 4월 16일, 전 세계 45개국 164개 지역에서 제46회 한국어능력시험(TOPIC. Test of Proficiency In Korean)이 치러졌는데, 역대 최다 인원인 7만 2,295명이 응시했다고 한다. 1997년 제1회 시험 때, 4개국 2,692명이 응시한 것에 비하면 장족의 발전이 아닌가 한다. 2012년 가수 싸이의 '강남 스타일'부터 거대 폭풍을 일으키더니, 최근 '태양의 후예'라는 드라마가 공전의 대성황을 이루면서 한국어의 열풍은 지속되고 있다.

캄보디아 같은 나라에서는 한국어학원이 무려 500곳에 달하며 대학에서는 단연 한국어과가 최고의 인기라 한다. 베트남의 경우도 한국어를 공부하는 대학생 수가 약 2,400명 정도이며, 2015년 10월 베트남 전국 14곳에서 치러진 한국어능력시험에는 총 3만 명이 응시했다니 정말 놀라지 않을 수 없다.

교육부에서 2015년 12월 31일 기준으로 최근 3년간 해외 초·중등학교 한국어 채택 현황표를 발표했다. 이를 살펴보면, 해외 28개국 나라의 1,224개 초중학교에서 한국어를 학교에서 가르쳤고, 이를 배운 학생은 모두 10만 7,199명으로 집계했다. 또한 한국어를 배우는 학생이 가장 많은 나라는 태국(2만 5,021명)이었으며, 일본(1만 8,363명), 미국(1만 4,032명), 호주(8,200명), 우즈베키스탄(6,978명) 등의 순이다.

이러한 현상은 K-팝과 한국 드라마의 한류 열풍으로 나타난 현상이라 하는데, 현재는 이보다 더더욱 늘어났을 터이니, 가히 뿌듯하고 자랑할 만한 현상이 아닌가 한다.

현황표를 제시하면 다음과 같다.

지역	국가별	2013년도		2014년도		2015년도	
		학교수	학생수	학교수	학생수	학교수	학생수
아시아	중 국	6	270	6	395	12	1,263
	일 본	479	15,774	511	17,718	542	18,363
	대 만	62	3,264	56	2,607	60	3,732
	태 국	69	22,153	75	24,065	77	25,021
	인도네시아	31	3,316	27	1,507	32	4,700
	베트남			3	65	3	185
	몽골					13	2,508
	스리랑카					29	2,479
북미	미 국	122	10,588	126	12,428	139	14,032
	캐나다	38	2,505	36	2,440	36	2,196
중남미	파라과이	14	1,674	15	1,809	15	1,851
	아르헨티나	4	315	3	217	3	392
	브라질	4	143	5	347	6	366
CIS	키르기즈스탄	28	2,597	34	3,000	38	3,200
	카자흐스탄	18	677	19	579	19	656
	우즈베키스탄	20	7,102	19	7,102	19	6,978
	타지키스탄	2	469	2	974	2	721
	러시아	38	4,188	37	4,621	35	4,191
	우크라이나	4	441	4	520	4	510
	벨라루스	2	26	2	32	2	40
유럽	프랑스	24	2,790	28	2,378	34	3,113
	독 일	12	207	13	248	11	199
	노르웨이	1	35	1	34	1	16
	불가리아	2	99	1	155	1	203
	영 국	6	88	7	97	7	87
	네덜란드			3	54	1	26
오세아니아	호 주	57	6,992	61	8,468	60	8,200
	뉴질랜드	10	702	17	1,284	23	1,971
계		1,053	86,415	1,111	93,144	1,224	107,199
		24개국		26개국		28개국	
		23개국 지원		25개국 지원		27개국 지원	

우리는 이 표에서 특정 지역의 편협성을 느낄 수 있다. 이러한 현상을 빨리 탈피하여, 세계 구석구석까지 가르칠 수 있는 시대가 와야겠다. 아프리카와 남미를 비롯해 중동의 여러 나라들, 남부와 동부 유럽에까지 교육기관을 확대할 필요가 있다. 위 표는 교육부에서 인정한 한국어교육기관만 한정된 현황표이다. 따라서 사설이나 민간 위주의 한국어교육 기관은 수치에 포함되지 않았다. 추측컨대 아마 그 수가 적지 않으리라 생각된다. 그런데 이들이 과연 체계적이고 과학적인 방식으로 한국어 교육을 시킬지도 관건이다. 우리 한국어가 세계 곳곳에 퍼지는 그날, 국제어로서의 위상은 한 단계씩 올라갈 것이다.

11

외국인이 생각하는 한글

외국인은 한글에 대해 어떻게 생각할까? 한국어 지도방법에 대해 설명한 책들을 참고하면, 우선 한국어를 배우는 데 가장 어려운 부분은 말하기, 듣기, 읽기, 쓰기, 문화, 문법 중에서 문법이 가장 어렵다고 한다. 문법 중에서도 동사의 활용, 조사와 어미의 의미를 아는 것, 적절하게 이를 사용하는 것이 어렵다고 한다. 그 다음으로 듣기와 말하기 순이다.

듣기는 한국어의 음운이 비슷해서 혼동하는 경우가 많은데, 예를 들어 청원, 경원, 정원, 전원 등의 첫 음절을 서로 구분하기 어렵다는 것이다.

이 외에도 말하기에서는 된소리 발음을 많이 힘들어 한다. 외국어는 대개 자음이 이중 구조(전문 용어로는 '2지적 상관속'이 있다고 한다.)로 ㄱ, ㄴ과 같은 예삿소리와 ㅋ, ㅌ과 같은 거센소리가 많은 편이다. 그러나 우리 한글의 경우는 여기에 된소리가 하나 더 있어, 삼중 구조이다. 즉, 'ㄲ, ㄸ, ㅃ, ㅆ, ㅉ' 등이 발음하기 어렵다는 것이다.

그러나 이러한 어려움만 극복하면 대체로 음절 형태로 구성되어 있기 때문에, 발음이 쉬운 장점이 있다. 세종대왕도 훈민정음 서문에, '한글은 똑똑한 자는 아침이 다 가기 전에 깨닫고, 아둔한 자라도 열흘이면 배울 수 있다.'라고 제시한 바 있다.

글자체도 정방형으로 규격화되어 있어 디자인으로 활용하기 좋다는 것은 앞서도 제시한 바 있다. 그런데, 외국인들은 '삐뽀삐뽀, 삐요삐요' 같은 첩어를 참 신기하게 생각한다고 하며, '우유'와 같은 글씨는 마치 두 사람이 서 있는 것 같은 인상이라고 한다. 한국인이 쉬 생각하지 못하는 기발한 생각이다.

또 한글은 입술의 모양이나 구강 속의 조음위치에 따라, 평순모음과 원순모음, 고모음, 중모음, 저모음의 구별이 있는데, 이를 구별해서 발음하기 어렵다고 한다. 'ㅣ:ㅟ, ㅡ:ㅜ, ㅔ:ㅚ, ㅓ:ㅗ, ㅔ:ㅐ' 등의 구별이 쉽지 않다는 이야기이다.

1994년 미국의 과학 전문지 '디스커버리' 6월호에 제어드 다이아몬드(Jared Diamond)라는 학자는 "한글은 인간의 말의 반사경이다. 반면 영어를 비롯한 어떤 문자들은 잡탕(Mess)이다. (중략) 학자들은 세종대왕의 28개의 부호가 전 세계에서 가장 우수한 알파벳이며 가장 과학적인 문자 체계라고 말한다."라고 밝힌 바가 있다.

또 소설 〈대지〉의 저자 펄 벅(Pearl S. Buck)은 "한글이 전 세계에서 가장 단순한 글자이며 가장 훌륭한 글자이다. 그리고 세종대왕은 한국의 레오나르도 다빈치이다."라고 말했다고 한다.

또한 KBS 1TV에서 방영한 1996년 10월 9일자 다큐멘터리에서는 파리에서 열린 세계 언어학자 학술회의에서 '한국어를 세계 공통어로 쓰면 좋겠다.'라는 의견까지 나왔다고 보도한 바 있다.

시카고 대학의 매콜리(J. D. McCawley) 교수는 미국사람이지만 우리의 한글날인 10월 9일을 개인의 학문적 경축일로 삼아 매해 빠짐없이 한국의 음식을 먹으며 지내고 있다는 한겨레신문의 보도(2004.10.13.)도 있었다.

미국의 언어문자학자인 메릴랜드 대학 로버트 램지(Robert Ramsey) 교수는 "한글이 중요한 이유가 서방 세계의 모든 알파벳이 수백 년 간

수많은 민족의 손을 거치면서 개량되었지만, 한글은 실제로 발명된 사실 자체가 중요하다."라고 하였다.

컬럼비아 대학 레드야드(Gari Ledyard) 교수도 "발성 기관과 문자의 형체를 연관시키는 개념이나 그것을 전개시켜 나가는 과정을 살펴볼 때, 우리는 감탄하지 않을 수 없다. 오래고 변화무쌍한 인류 문자 역사상, 이러한 사실은 또 다시 찾아 볼 수가 없다. 같은 음성 계열 안에서의 조직적인 형체 변화만으로도 너무나 충분하건만, 이들 형체는 동시에 발성 기관과 소리의 상호 관계를 묘사하는 합리성까지 갖추고 있다니, 실로 이것은 역사상 유례가 없는 문자학의 호사이다."라고 극찬까지 하였다.

어느 글자든지 타국어를 배우기란 녹록하지 않다. 그러나 한글은 발음하기 쉽고 배울 때 여타의 글자보다 빠른 시일 내 배울 수 있다는 점은 모두 공통된 의견이다. 그리고 언어에 대한 전문연구자들도 한글의 우수성을 전부터 깨닫고 있다.

그러나 우리의 현실은 어떤가? 거리의 간판이 온통 서양어 일색이고, 각종 티셔츠 등에 버젓이 서양어가 우리말보다 우세를 점하고 있는 현실을 보면, 안타까울 뿐이며, 세종대왕께서 지하에서 통탄할 일이다.

12

외국인에게 한글을 가르치는 순서가 있다[4]

외국인에게 한글을 어떠한 방법으로 가르치는 것이 가장 손쉽게 터득할 수 있도록 돕는 것일까?

우리들은 흔히 'ㄱ(기역), ㄴ(니은), ㄷ(디귿)…' 등의 순으로 자음을 먼저 익히고 'ㄱ'에 'ㅏ'하면 '가', 'ㄱ'에 'ㅑ'하면 '갸' 등의 순으로 –일명 '가갸표'– 익힌다고 알고 있다. 그러나 이러한 방법은 효과적인 방법이 아니라는 것이 정설이다. 우리 아이들에게 한글을 처음 깨치게 할 때에도 마찬가지이다.

외국인에게 한글을 가르칠 때에 가장 먼저 'ㅏ, ㅓ, ㅗ, ㅜ, ㅡ, ㅣ, ㅐ, ㅔ, ㅚ, ㅟ' 등의 순으로 단모음을 먼저 가르쳐야 수월하다. 이 중에서 특히 외국인들은 'ㅓ/ㅗ'의 발음 차이를 구별하지 못한다고 한다. 따라서 '거리/고리'처럼 예시 단어를 제시해 구별하여 발음해주고, 청각적 인상이 다름을 명확하게 해준다.

다음으로 잘 구별 못하는 단모음이 바로 'ㅜ/ㅡ'의 구별이다. 이 또한 위와 같은 방법으로 실시하여야 한다. 재미있게 가르치기 위해 '모음구별게임'을 활용하는 방법도 좋은 방법이다.

---

4) 이 내용은 '한재영(2006), 한국어 교수법, 태학사'의 내용을 참조하였다.

이것을 마치면 자음을 지도하게 되는데, 자음은 'ㄱ, ㄴ' 등과 같은 평음, 'ㅋ, ㅌ' 등과 같은 격음, 'ㄲ, ㄸ' 등의 경음의 순으로 가르친다.

또 앞서 제시한 것처럼, 'ㄱ(기역), ㄴ(니은), ㄷ(디귿)…' 등의 식으로 가르치면 오히려 역효과가 날 가능성이 많다. 'ㄱ(그), ㄴ(느), ㄷ(드)…' 등의 식으로 알려주고, 'ㄱ(그)'에 'ㅏ'가 붙으면 '그아', 이를 좀 더 빨리 발음하면 '가'라는 식으로 가르치는 방법이 좋다.

단모음과 자음 교육을 끝마치면, 'ㅑ, ㅒ, ㅕ' 등의 이중모음을 가르친다. 이것을 끝마치면, 자음과 모음의 발음 방법을 지속적으로 연습하고, 그 후에 받침교육도 실시한다. 최종적으로는 국어사전 찾는 방법을 소개해 스스로 터득할 수 있는 길을 열어준다.

이제는 외국인을 대상으로 하는 한글 교육 중에서 다문화 가정을 위한 한글 교육도 특별히 주의를 기울여야 할 때이다. 우리나라에 다문화 가정이 급속도로 늘고 있다. 2014년 4월 기준으로 다문화 가정 학생수가 6만 7,806명으로 전체 학생 633만 3,617명의 1.07%에 이른다는 보고가 있다. 이들이 우리나라에 빠르게 정착하고 적응하기 위해 한국어 교육 전문 교사를 대폭 양성하고 적극적인 정부 차원의 지원이 필요하다.

13

외국인이 좋아하는 한글 디자인

최근 세계 곳곳에서 방송을 통해 심심찮게 한글 디자인을 사용하는 외국의 사례가 소개된다.

팝스타 브리트니 스피어스(Britney Spears)가 '신흥호남향우회'라는 한글이 인쇄된 초록 원피스를 입어 화제가 된 적이 있다. 이는 명품 브랜드인 '돌체&가바나'에서 한글 넣은 원피스를 디자인하는 과정에서 일어난 해프닝이긴 했지만.

미국의 팝스타 저스틴 비버(Justin Bieber)도 자신의 이름을 한글로 문신하기도 했으며, 미국 할리우드 스타 린제이 로한(Lindsay Lohan)은 매거진 〈NYLON〉 창간호에 윤동주 시인의 '별 헤는 밤'을 디자인한 옷을 입고 사진을 촬영했다.

이 외에도 세계적인 뮤지션인 고티에(Gotye), 미국 본토 힙합의 여왕 니키 미나즈(Nicki Minaj) 등은 자신의 뮤직 비디오에 한글을 디자인 요소로 사용하였다.

스포츠 스타들의 경우를 보자. 미국 메이저리그의 타자 프린스 필더(Prince Fielder)는 자신의 이름 중 '프린스' 부분을 한글화하여 '왕자'라는 문신을 왼쪽 목 주위에 새겼으며, 한국계 미국인 슈퍼볼 선수인 하인즈

워드(Hines E. Ward Jr.)도 오른쪽 팔에 한글로 자신의 이름을 새겼다. 또한 UFC 챔피언인 벤 핸더슨(Ben Henderson)은 자신의 이름과 '전사'라는 문신을 양팔에 하였다. 프랑스의 배우 '아피드'는 프랑스 현지 방송 광고에 출연할 때마다 한글이 적힌 옷을 입고 무려 4편(아직 한 잔 남았다, 아줌마가 좋아요 등)이나 등장해 화제가 되었다.(SBS뉴스 2015.10.12.)

최근 K-팝의 영향으로 한국과 우리말에 대한 관심이 어느 때보다 뜨거울 때이다. 이럴 때일수록 우리의 문화를 먼저 세계에 알리고 자연스럽게 실생활에 사용할 수 있는 용품들의 디자인에 한글을 적극적으로 활용해야 한다. 또 이를 대대적으로 홍보하고 유통과정을 체계화하며 단순화시킬 필요가 있다. 우리 한글의 장점은 그 글자 자체에 철학이 있고, 과학이 있고, 문화가 있기 때문이다. 이를 외국인에게 더더욱 부각시켜 상품화한다면 우리의 한글 디자인이 세계를 휩쓰는 것은 시간문제가 아닐까.

우리의 청소년들이나 젊은이들이 가슴에 서양어가 도배된 옷을 입거나 유행처럼 번지는 타투(문신)를 영어 일색으로 하는 것을 보면 참 부끄러운 일이 아닐 수 없다. 우리의 미래들이 한글을 아끼고 사랑하지 않는다면 한글의 세계화는 요원하지 않을까. 이제는 우리 모두가 고민하고 그 해결책을 찾아 서로 노력할 때이다.

14

세종대왕은 어떤 분인가

세계를 좌지우지하면서 시대를 풍미한 위인들은 참으로 많다. '칭기즈 칸, 나폴레옹, 슈바이처, 처칠' 등. 그러나 이러한 위인에 견주어 결코 뒤지지 않고, 오히려 더 탁월한 분이 세종대왕이 아닐까 한다. 과학자, 통치자, 언어학자, 역사가, 인성교육자, 범애주의자, 음악가, 문학가, 철학자로서 전문적인 영역까지 섭렵하여 깊게 두루 겸비한 인물이다.

세종대왕께서는 1397년 4월 10일(양력 5월 15일) 태종 이방원의 셋째 아들로 한양의 준수방(俊秀坊)에서 태어나시고, 1408년 2월 12세 때 심온의 딸과 결혼, 1418년 6월 22세 때 세자 책봉을 받고, 두 달 후 태종의 양위를 물려 받는다. 영토 확장에도 관심을 가져, 1419년 6월 23세 때에 이종무 장군으로 하여금 대마도를 토벌하게 하였고, 인간평등주의를 실현하고자 같은 해 11월 전국의 사찰 노비를 폐지한다. 1420년 7월 10일 24세 때, 어머니 원경왕후를 저 세상에 보내고 슬픔에 빠지지만, 이듬해 1월엔 올바른 역사를 바로 잡기 위해 『고려사』정리를 지시한다. 또한 같은 해 12월 사죄 삼복법(死罪三覆法)을 정해 죄인의 억울함을 적도록 하였다. 1422년 1월 26세 때 아버지인 태종이 별세하고, 그 해 8월 3일에는 빈민을 구제하기 위해 진제소(賑濟所)를 설치한다.

애민 정신을 구현하고자 1424년 1월 28세 때, 각 도를 떠도는 사람들이 없도록 대책을 강구하고, 12월에는 악기도감을 두어 악기를 제조하게 한다. 백성이 농사를 잘 짓도록 1430년 2월 34세 때, 『농사직설』을 반포하고, 그해 9월에는 수차(水車)를 장려했으며, 11월에는 등에 매질하는 편배(鞭背)를 법으로 금지하였다. 1432년 6월 36세 때는 인성교육도 중시하여 예절을 다룬 『삼강행실도』를 편찬하도록 했다.

1433년 37세 때부터 3년간 과학에 힘을 기울여, 천체 관측기인 혼천의(渾天儀), 물시계인 자격루(自擊漏), 해시계인 앙부일구(仰釜日晷), 화약 등을 만들었다. 1439년 2월 43세 때, 법에 의하지 않고 함부로 형벌을 가하는 남형(濫刑)을 금지시켰다. 1441년 8월 45세 때에는 측우기(測雨器)를 제작하고, 1443년 12월 47세 때, 그 유명한 훈민정음을 창제했다. 이후 7년간 각종 훈민정음을 시험해 보기 위해 악장 문학을 다수 완성하였다.

세종대왕의 사인(死因)에 대해 여러 의견이 분분하나, 1450년 윤2월 17일 54세의 나이로 그림과 글씨가 뛰어나던 자신의 여덟 번째 아들인 영응대군 집 동별궁에서 지병으로 앓던 소갈증(당뇨)이 원인이 되어 승하를 하신다. 소헌왕후 심 씨와 후궁 사이에 모두 18명의 아들과 4명의 딸을 둔 것으로 알려져 있다. 또 말년에는 안질(눈병)로 오래 고생했으며, 이를 치료하기 위해 온천욕을 많이 즐겼다는 기록이 전해진다. 또 식성은 채식보다는 육식을 평소에 아주 좋아하셨다고 한다. 따라서 추측컨대 그 분의 풍채는 좀 뚱뚱했을 것으로 추정들 한다.

15

들을 때 기분 좋은 말소리 음색이 있다

우리는 하루에도 수 천 단어 이상의 말을 하며 의사소통을 한다. 의사소통의 매개체인 언어가 인류의 발전에 공헌한 정도는 지대하다. 그래서 인간이 언어를 사용하는 특성을 일컬어, '호모 로퀜스(Homo Loquens)'라는 라틴어를 붙이기도 한다.

그런데 이러한 언어도 음파나 억양에 따라 듣는 사람에게 편안함과 불안감 등을 줄 수 있다고 한다. 따라서 요즘 전화로 고객을 상담하는 텔레마케터들은 상대방을 편안하게 하는 말소리 음색을 사용한다는 것이다. 통상 알려진 바에 의하면 서양음계 중 '솔'에 해당하는 음이 가장 듣기 좋고, 상대방의 기분을 좋게 한다는 것이다. 흔한 동요 '산토끼'의 첫 시작 음절 소리가 바로 '솔'이다. 이 소리는 성대에 탄력을 주며 내는 소리이다.

우리가 이를 시험해 보면 흔히 느낄 수 있다. 음계 '도'처럼 낮은 톤으로 '안녕하세요?'라고 하는 것과 음계 '솔'로 하는 '안녕하세요?'는 느낌이 확실하게 다르다. 전자는 중저음으로서 위압감, 음흉함, 우울함, 남성성 등을 나타낸다면, 후자는 친절, 상쾌함, 명랑함, 여성성 등을 나타낸다. 마치 우리의 음운 현상 중 모음조화에서 느끼는 감정, 즉

'ㅓ, ㅜ' 등의 음성모음이 결합할 때의 느낌과 'ㅏ, ㅗ' 등의 양성모음이 결합할 때의 느낌이 다른 것과 비슷하다.

통상 듣기 좋은 목소리는 복식호흡을 통해 나오는 소리로, 강하고 길며 편안한 호흡으로 해야 좋은 목소리 톤이 된다고 한다. 인체학적으로도 횡격막을 위와 아래로 충분하게 움직이며 숨을 내뱉을 때 부드러운 목소리가 구현된다는 것이다.

목소리는 선천적으로 성대와 골격에 따라 완성되는데, 자신의 목소리 주위 근육이나 자신이 속한 문화, 성행 등에 따라 후천적으로 바뀌기도 한다는 것이다.

그러면, 고음은 어느 정도까지 적당할까? 얼마 전 모 인기 여자가수의 3단 고음 노래가 큰 유행을 한 적 있다. 3단 고음을 제대로 내려면 월등한 폐활량을 보유하여야 하고, 호흡을 적절하게 조절하여 사용할 수 있는 능력까지 겸비하여야 한다. 또 너무 높은 고음은 듣는 사람을 피곤하게 하며, 성대에 무리를 줄 수 있다. 따라서 고음도 높은음자리표 위의 두 번째 줄에 걸린 '솔' 정도까지가 가장 무난하다. 이보다 높을 때는 듣는 사람이 불쾌할 가능성이 높기 때문이다.

16 억양에 따라 의미를 달리 할 수 있다

한 언어 안에서 의미가 다른 두 소리를 구별해주는 음성적 요소를 연구하는 것을 '음운론'이라 한다. 음운론의 연구대상은 음운인데, 음운은 음소(音素)와 운소(韻素)로 나눈다.

음소란 알기 쉽게 자음과 모음을 말하고, 운소는 장단음, 성조, 억양, 악센트, 연음 등을 말한다. 중국어는 성조가 중요한 운소이고, 영어는 억양과 악센트가 중요한 운소이다. 우리 한국어는 장단음이 중요한 운소라 한다.

그런데, 우리말이 지닌 운소가 장단음만 있는 것은 아니다. 우리말에도 경상도와 함경도 방언 등에는 아직도 성조가 나타나고 있고, 말할 때 단어의 첫 음절에 악센트를 주기도 한다. '강원도 산나물'과 '강원도산 나물'은 아주 짧은 시간의 숨 멈춤을 두어 엄연히 구별한다. 억양의 경우에 평서문은 끝을 낮추고, 의문문은 높이며 명령문은 대체로 높은 억양으로 끝난다.

우리말의 운소 중에서 억양이 존재함을 설명하기에 아주 적당한 유머가 있다. 과거 유명했던 최불암 시리즈 중의 한 편인데, 내용은 다음과 같다.

갑자기 배탈이 나 용변이 급했던 최불암은 쏜살같이 화장실로 향했다. 그런데 급한 나머지 화장실문을 두드리지 않고, 무턱대고 문을 열었다. 그런데, 아뿔싸. 먼저 용변을 보는 사람(=용변인)이 있지 않은가? 이 상황에서 최불암과 용변인이 같은 문장을 억양 차이로 세 번 주고받으면 그들이 하고픈 대화는 모두 마무리된다.(1: 낮은 억양, 2: 높은 억양)

- 최불암 : 똥눠(12)–의문문(지금 똥을 누고 있습니까?)
- 용변인 : 똥눠(21)–평서문(네. 지금 똥을 누고 있는 중입니다.)
- 최불암 : 똥눠(22)–명령문(알겠습니다. 그럼, 계속 똥을 누세요.)

웃음을 머금게 하는 유머이지만, 이 속에 억양에 따라 의미가 확연히 구별되는 현상을 느낄 수 있다.

우리말의 억양은 대체로 규칙적이다. 그래서 통상 억양을 중요한 운소로 취급하지 않는 것이다. 이는 앞서 제시한 악센트나 연음 등도 마찬가지이다.

운소가 많은 것은 언어에 있어 굳이 자랑할 만한 내용은 아니다. 운소 자체가 언어 습득에 또 하나의 장애가 될 수 있기 때문이다. 그렇다고 해서 운소가 전혀 없는 것이 좋은 언어는 아니다. 운소 자체가 의미 변별의 요소가 될 수 있기 때문이다. 그러니 있기는 있되, 우리말의 경우처럼 규칙성을 두거나 크게 어렵지 않아야 참으로 우수한 언어라 할 수 있다. 한글이 우수한 것은 이러한 것까지 언중의 편의성을 담고 있다는 것이다.

17

우리말에 발달된 표현은 무엇인가

언어마다 고유의 특성을 지니고 특유의 표현을 지니는 것은 어쩌면 당연한 귀결이다. 그들의 문화와 생활 방식이 자연스레 언어에도 투영되었기 때문이 아닐까 한다.

우리말도 다른 나라 언어에 비해 발달된 고유의 표현들이 있다.

첫째, 경어가 매우 발달하였다. 높임말에는 주체를 올리는 주체 높임법과 상대방을 올리는 상대높임법이 있으며, 상대 높임법은 말끝에 따라 아주높임의 하십시오체, 예사 높임의 하오체, 예사 낮춤의 하게체, 아주 낮춤의 해라체, 두루 높임의 해요체, 두루 낮춤의 해체 등이 있다. 정말 복잡하고 다양한 편이다.

둘째, 문장의 순서가 '주어–목적어–서술어'이지만, 이 순서가 비교적 자유스럽다. 가령, '내가 학교를 간다.'라는 말을 '학교를 내가 간다.'나 '간다. 내가 학교를', '간다. 학교를 내가' 등으로 표현하여도 전달하려는 의미가 크게 변하지 않는다는 것이다.

셋째, 조사나 어미가 발달하였다. 우리말을 형태론적인 측면에 따라 말할 때, 교착어니 첨가어니 말하는데, 바로 조사나 어미가 발달한 것 때문이다. 이러한 조사나 어미는 그 수가 많은 편이라 외국인들이 우리말을 배울 때 특히 힘든 부분이다. 조사는 크게 격조사, 보조사, 접속조사가 있고 그 각각에도 여러 종류의 세분화된 조사들이 많다. 어미도 크게 어말어미와 선어말어미로 나누지만, 그 각각에는 여러 종류의 어미들이 많다.

넷째, 생략이 많다. 음운의 측면에서 동음 생략, 자음 생략, 모음생략 등이 많고, 문장의 측면에서 대화하는 쌍방 간 이미 전에 언급된 경우에 주어나 목적어의 생략이 흔하게 나타난다. 또 이른바 '–고 하–'의 생략도 많은데, 가령 '학교에 간다고 하더라.'를 '학교에 간다더라.'로 흔히 표현한다.

다섯째, 감각어 특히 색채어가 발달하였다. 가령, '노랗다'를 '노르께하다, 노르스름하다, 노릇하다, 노르댕댕하다, 노르퇴퇴하다, 노르무레하다, 노르다, 샛노랗다' 등으로 표현한다. 이러한 색채어의 발달은 우리의 사계절이 뚜렷한 현상과 밀접하다는 주장도 있다. 또 감각어 중에 '미각어'도 발달하였는데, 예를 들어 '달다'의 경우, '감미롭다, 다디달다, 달콤하다, 달착지근하다, 달금하다, 달곰하다, 달곰삼삼하다, 달곰새금하다, 달달하다, 들큼하다, 들쩍지근하다' 등이 있다. 이러한 감각어의 발달은 우리 민족이 지닌 예민한 감각성에서 비롯된 것이다.

흔히 영어권의 외국인들이 배우기 어려운 언어 순위를 '아랍어, 중국어, 일본어, 한국어'의 순이라 하는데, 아마 위에서 제시한 우리말의 특징 중 첫째, 셋째, 다섯째들로부터 비롯된 것이 아닐까 한다.

18

물고기 이름은 몇 개이고, 어떻게 끝날까

우리나라는 3면이 바다로 싸여 있어, 해안을 끼고 수산업이 번창했던 곳이다. 또한 내륙에서도 4대강을 중심으로 지천들이 70%가 넘는 산들 사이사이로 발달되어 민물고기 또한 여러 곳에 서식하고 있다.

그러면 과연 우리나라에는 몇 개의 물고기 이름이 존재할까? 우리나라 어류를 종합적으로 보고한 정문기 님의 『한국어도보』(1977)를 참고하면, 총 2,018개로 그중 표준명은 868개이다.

이러한 물고기 이름이 어떻게 끝나나 살펴보면 다음과 같다.

구분	분포율(%)	구분	분포율(%)
'-어'류	23.4	'-미'류	5.3
'-이'류	14.4	'-대/태'류	3.9
'-리'류	13.1	'-지'류	3.3
'-치'류	11.5	기타	19.8
'-기'류	7.6		

위의 표를 보아, '-어'류가 가장 많다. 무려 520여 종이 이 접미사를 취한다. 이는 한자어 '어(魚)'의 대중성에서 비롯된 것이다.

다음으로 많은 것이 '-이'류이다. 갈견이, 꺽정이, 망둥이, 빨갱이 등이 대표적인 이름이다. '-이' 앞에 오는 음절의 받침이 주로 'ㄱ, ㄴ, ㅇ, ㄹ, ㅁ'이며, 명사나 동사의 어간에 붙어 새로운 명사나 동사의 어간을 형성하는 접미사 구실을 하거나 앞 음절의 받침이 그 위치에 머물도록 하는 구실을 하였다.

그 다음으로 많은 것이 '-리'류이다. 총 293종이 이 이름을 가졌다. 이 접미사는 '새끼'를 뜻하는 명사 '아리/어리'에서 '아/어'가 생략되면서 나타난 것으로 보인다. 대표적인 어종으로 '정어리, 통가리, 두렁허리, 미꾸리, 송사리, 쉬리' 등이 있다.

그 다음으로 '-치'류가 많다. 250여 종이 이 이름을 가지는데, '갈치, 꽁치, 준치, 눈치, 어름치, 날치' 등이 있다. '-치'의 어원에 대해 몽고어 기원설(유창돈), 인칭접미사 유래설(김형규) 등이 있으나, 그 용례를 보면 물고기를 일컫는 우리 고유어가 아닐까 생각하나 확실하지는 않다.

우리는 그동안 문명의 발전을 추구하면서 환경의 파괴를 등한시하였다. 이에 대한 영향으로 각종 물고기들이 사라지고 있는 것은 참으로 안타까운 현상이다. 발가벗고 족대를 짊어진 채, 천둥벌거숭이처럼 개천에 나가 신나게 물고기를 잡던 어린 시절이 더더욱 그리워진다.

19

물고기 이름은 어떻게 만들었을까

우리나라의 물고기 이름은 어떻게 만들어졌을까? 물고기 이름을 조사해 보면 크게 다섯 가지 유형으로 만들어졌다. 물고기 형태(형태형), 물고기 습성(습성형), 물고기의 방언을 이두문으로 한자화한 것(한자어형), 설화에서 유래(설화형), 외국에서 유입(외래어형) 등이다.

대표적인 물고기 이름을 하나씩 제시하면 다음과 같다. 황어(黃魚)는 물고기 색을 두고 명명한 형태형, 행어(行魚)는 바다를 잘 헤엄쳐서 다닌다는 뜻에서 유래된 습성형, 민어(民魚)는 대중의 물고기라는 뜻에서 지어진 한자어형, 비유어(肥儒魚)는 선비를 살찌게 한다는 설화에서 유래한 설화형, 붕어는 중국어 부어(鮒魚)에서 유래한 외래어형 등이다.

그러면 물고기 이름은 어떤 유형이 많을까? 형태형과 습성형이 주가 되고 한자어형 또한 적지 않은 수를 차지한다. 설화형과 외래어형은 대체로 그 수가 적은 편이다. 이로 보아 우리나라 사람들은 물고기 이름을 붙일 때, 형태나 습성 등을 위주로 함을 알 수 있다.

몇 개의 물고기 이름을 보자.

고등어는 그 형태가 고도(古刀)와 같아서 붙여진 이름인데, 고도어(古刀魚)는 과거 '곧어'이었다. 고등어 새끼를 '고도리'라 하는데, 이는 고등어의 과거형 '곧-'에 새끼를 뜻하는 명사 '오리'가 붙은 표기이다.

종어(宗魚)는 '우두머리[宗]로 가는 물고기'의 뜻으로, 전설에 의하면 조선시대 어느 임금이 용봉탕(龍鳳湯)의 용(龍)을 대신한다는 뜻에서 물고기 중 이 고기가 머리 간다는 뜻으로 명명했다고 한다.

뱅어는 백어(白魚)에서 비롯된 이름으로, 잡아 올리면 바로 백색으로 변해서 붙여진 이름이다. 그 중 가장 큰 종을 '붕퉁뱅어'라 하는데, '붕퉁'은 '크다, 길다.'의 뜻이다.

붕장어는 우리에게 '아나고'로 더 알려진 물고기인데, 정약전의 『자산어보』에, '海大鱺 俗名 硼長魚'로 기록되어 있다. '海大'는 '많다, 크다.'의 고어 '하다'를 옮긴 것이며, 여기서도 '붕'이 '많다, 크다'와 연관된다. 덧붙여 참고로, 먹장어는 우리에게 '곰장어, 꼼장어'로 유명한데, '먹장어'로 써야 옳다.

물고기 이름 중에 '무태(無泰)'가 들어가는 것이 둘 있다. '무태장어, 무태다랭'이 그것인데, 두 물고기의 특징은 무척 크다. 따라서 여기서 '무태(無泰)'란 '크지 않다.'의 뜻이 아니라, 반어적으로 '무척 크다.'의 뜻으로 사용하였다.

우리 밥상에 흔하게 올라오는 '조기'도 '기운을 돕는다.'는 뜻에서 유래하였다고 하며, '졸복'의 '졸'은 '왜소하고 못남'의 뜻이고, '밀복'의 '밀'은 '미끄럽다.'는 뜻이다.

갈치는 과거 신라 영역이었던 남부 방언에서는 '갈치', 그 외의 북부 지방에서는 '칼치'라고 불렀던 것을 표준어를 정비하면서 '갈치'로 표준어를 삼았다.

버들치는 서유구의 『전어지』와 『난호어목지』에는 유어(柳魚)로 소개하며, '강 버들 밑에서 노는 것을 좋아하는 까닭에 버들치라는 이름이 붙었다.'라고 전한다.

살치는 서유구의 『전어지』에 '헤엄치는 속도가 무척 빨라서 마치 시

위를 떠난 화살과 같다고 하여 살치라고 했다.'는 기록이 전한다.

최근에는 우리나라가 언어와 사고방식 등만 서구화되어 가는 것이 아니라, 식생까지도 달라지고 있다. 그 중 물고기도 외래어종인 배스, 블루길, 찬넬동자개, 초어 등이 들어와 토종어종을 괴롭히고 있다. 이러다가 우리 물고기도 서서히 희귀종으로 가거나 멸종하지 않을까 심히 걱정이 된다. 2,000여 개가 되는 우리의 어종을 소중히 다루고 살피는 과업 또한 우리가 헤쳐 나가야 할 사명이라는 소명의식이 필요한 때이다.

20

물고기 이름과 관련된 설화

물고기 이름과 관련된 설화들 몇 개를 소개한다.

먼저, '미수감미어'라는 물고기에 대해 서유구의 『전어지』에 다음과 같이 기록되어 있다.

> "임진강 상류에 '허미수'라는 사람이 살았는데, 이 사람이 맑은 강물 위에 배를 띄워 놓고 이 물고기를 먹기 좋아해서 그 지방 사람들이 붙인 이름이다."

'허미수'라는 사람은 역사상 실존 인물, '허목(許穆)'으로 1595년부터 1683년까지 살면서 문장이 뛰어나 우의정까지 올랐으며, 여기저기에 서원을 세워 후학을 배출했던 사람이다.

우리가 흔히 먹는 '조기'에 대한 전설도 전하는데, 조선 중기의 명장으로 이괄의 난을 진압했던 임경업 장군이 처음으로 연평도에서 엄나무발로 조기를 잡았다는 기록도 전한다.

충남 논산 지역에서는 '검정망둑이'라는 물고기를 '효자고기'라고 전하는데, 효암서원의 『효암서원지』에 다음과 같은 기록이 있다.

> "은문어(銀文魚)를 얻어 어머니를 봉양했는데, 이것은 은색 무늬가 있어

> 은문어(銀文魚), 을(乙)자 무늬가 있어 을문어(乙文魚)라고도 했으며, 이 고장 사람들은 이 고기를 대부분 효자고기라고 부른다."

한편 두꺼운 껍질이 일미인 쥐노래밋과 물고기, 임연수어(林延壽魚)는 관북 지방의 임연수라는 사람이 잘 잡아서 이름이 붙여졌다고 『난호어목지』에 전한다.

한 겨울에 무를 얼기설기 쓸어 넣고, 각종 양념을 한 뒤에 두부를 네모지게 썰어 넣고 한 솥 부글부글 끓여, 온 가족이 둘러 앉아 먹는 명태찌개는 생각만 해도 가슴이 훈훈해진다. 이 명태라는 이름은 조삼재의 『송남잡지』〈어수편〉에 보면 '북어'라는 이름이 명태보다 먼저 불리어졌음을 알 수 있다.

> "북어는 우리나라 원산도 산물로, 옛날에는 명천 지방에서 잡히지 아니하였는데, 명천 사람 태씨(太氏)가 처음으로 낚아 먹어 보았더니, 비대하고 또 맛이 훌륭하기에 명태라고 이름 지었다."

정문기의 『어류박물지』(1992)를 보아도 '명태(明太)라는 물고기 이름은 함경도 지방의 지명 명천(明川)의 '명(明)'과 과거 함경도 관찰사 민(閔)모의 어부였던 '태(太)'의 합성어이다.'라고 제시한다.

그런데 이 명태처럼 이름이 다양하게 불리어지는 물고기 이름도 없다. 20여 가지가 넘으니 말이다. 잡은 그대로의 이름이 '명태', 갓 잡아 싱싱한 명태는 '선태', 얼린 명태는 '동태', 명태 새끼는 '노가리', 얼리거나 말리지 않은, 생것 그대로를 '생태', 반쯤 말린 것을 '코다리', 초겨울 은어 떼를 쫓는 명태는 '은어바지', 섣달 초순부터 떼 지어 오는 명태는 '섣달바지', 말린 명태는 '북어', 눈밭에서 얼었다 녹았다 반복해 두어 잘 말린 명태는 '황태', 말리다 날씨가 풀려 덜 말린 명태는 '먹태', 소금에 절여 말린 명태는 '짝태', 고온에서 건조한 명태는 '흑태', 낚시로 잡은 명태는 '조태', 산란 후 잡힌 명태는 '꺽태', 알을 밴 상태로 잡힌 명태는 '난태', 강원도와 경기도 이남에서 잡은 명태는 '북어', 강원도에서 나는 명태는 '강태', 원양어선에서 잡은 명태는 '원양태', 근해에서 잡은 명태는 '지방태', 봄에 잡은 명태는 '춘태', 가을에 잡은 명태는 '추태', 겨울에 잡은 명태는 '동태' 등이 있다.

2009년 이후로 동해안에서 많이 잡혔던 한류성 어종인 명태가 거의 잡히지 않는다고 한다. 지구온난화와 각종 해류 변화 등이 원인이라고 한다. 그래서 요즘은 동해안산을 먹기 힘들고, 원양어선에서 잡은 것이나 러시아산이 주종을 이룬다는 것이다. 우리의 식탁에 담백하고 구수했던 국산 명태는 언제 다시 맛볼 수 있을까.

다행스럽게도 얼마 전 우리의 강원도 해양심층수 수산자원센터에서 명태 알 인공부화부터 치어 양식까지 성공했다는 기쁜 소식을 접했다. 정말로 어렵게 국산 명태를 산 채로 잡아 수정했다고 한다. 앞으로 5년 이내이면 우리 식탁에 다시 국내산 명태가 오를 것이라 하니, 이 얼마나 입가에 꼬리가 들릴 정도의 즐거운 일이 아닌가.

21

궁중의 언어는 어떠했을까

우리가 영화나 드라마에서 조선시대의 사극을 보면 극중 인물들이 현대어를 거의 구사하고 몇몇 어휘만 궁중어를 사용한다. 그러나 당시에는 실제 그랬을까? 당시에는 궁중에서만 쓰는 언어, 일명 궁중어라는 은어가 따로 쓰였다. 따라서 당시의 언어로 대사를 한다면 현대인들은 이해하기 정말 어려울 것이다.

궁중 구성원들은 왕을 초인적인 존재로 인식하여 보편적이고 일상적인 것을 기피했다. 이로써 군주라는 신성함과 위엄이라는 차별성을 둘 수 있고, 백성들을 통치하는 데도 유용하였으리라 생각한 것이다. 게다가 차별성을 두고 품위 있는 언어를 사용함으로써 국운이 태평해지고, 오염된 세속어로부터 탈피하여 신선화가 이루어진다고 생각했던 것이다. 또 궁중어의 사용은 궁중인들이 하나가 되고 그들의 기능이 오래도록 유지될 수 있도록 하였다. 이 외에도 궁중인이라는 우월감도 작용했을 것이다.

일반적으로 이러한 은어가 발생하는 요인을 아홉 가지로 제시하는데,

첫째, 한정된 자기 집단의 비밀을 유지하기 위하여,
둘째, 신선한 표현력을 조장하려는 의욕 때문에,

셋째, 집단의식을 강화시키기 위해,
넷째, 금기의 목적으로,
다섯째, 공통된 생활을 영위하는 어떤 고립된 환경에서,
여섯째, 공통적인 직업에 종사하는 순회직의 언어에서,
일곱째, 외래어의 영향을 받아서,
여덟째, 일시적 쾌감의 발로와 욕구 불만의 표출과 사회 구조의 복잡성 때문에,
아홉째, 사회문화와 이지의 발달에 의한 동지성 규합에 의하여 등이다.

궁중어의 출현 시기는 신라 때부터일 것이나 본격적인 시기는 고려시대로 추정된다. 김종훈의 『궁중어고』(1969)라는 논문을 보면, 특히 고려 말 몽골의 공주가 왕비로 등극하면서 두드러지게 나타났는데, 비록 출발은 몽골 어의 차용에서 비롯되었지만, 시대가 흐르면서 언어에 대한 사대주의적 발상에서 한자가 유입되고, 이에 따라 백성들의 일상어와는 사뭇 다른 유별성(有別性)이 나타난다는 것이다.

1999년 국립국어원에서 발간한 『표준국어대사전』에 실린 궁중어는 총 211어휘인데, 전체의 50.2%인 106어휘가 한자어, 26.5%인 56어휘가 고유어, 22.3%인 47어휘가 고유어와 한자어의 합성어로, 한자어가 많음을 알 수 있다. 또 궁중어의 일부분은 음절이 생략되거나 다르게 대체하여 표기하기도 하고, 때에 따라서는 와전되어 만들어지기도 하였다. 이러한 현상은 편의성과 경제성에서 비롯된 것으로 보인다.

궁중어는 다음과 같은 특징을 갖는다.

1. 인체어는 각 기관에 '-부(部)', 평평한 부위는 '-상(像)', 바닥은 '-장(掌)'을 썼다.(예. 이부(耳部)-귀, 액상(額像)-이마, 수장(手掌)-손 등)

2. 동사나 형용사에 선어말어미 '-오/우-'를 자주 넣었다.
(예. 외오다, 모여오다, 시우다 등)
3. 의복류 궁중어는 실질적 의미를 지닌 단어에 '겉, 속, 단(單)' 등의 것들이 앞에 붙었다.(예. 속여의(-女衣)-속속곳, 단봉지-임금이나 왕비의 홑바지 등)
4. 음식 관련어는 특이하게도 한자어보다 고유어가 많이 쓰였다.
(예. 소루쟁이탕(봄나물 국), 줄알탕(계란탕) 등)
5. 궁중 구성원을 표시할 때는 '내(內), 궁(宮), 환(宦)' 등이 사용되었다.(예. 내인(內人)-나인, 궁아(宮兒)-심부름하던 아이, 환녀(宦女)-일을 하던 여자 등)
6. 장소를 표시할 때는 '-방(房)'을 사용하였다.(예. 서답방-빨래터, 침방-바느질하던 곳, 안소주방-조석 수라를 장만하던 곳 등)

궁중어 중 특별한 것들만 몇 개를 보자.

마리깔(머리카락), 비궁(코), 도가시(볼깃살), 치(상투), 선온하다(술을 내리다), 입참하다(잔치에 참여하다), 입배하다(도구를 차려 놓다), 지미하다(맛보다), 잡숫다(옷을 입다), 수통하다(흉하다), 잡시다(주무시다), 등의대(저고리), 의대장(옷장), 봉지(바지), 족건(버선), 수라(밥), 너비구이(너비아니), 봉오리(완자), 규아상(만두), 송송이(깍두기), 다(숭늉), 매화틀(변기), 기수(이불), 프디(요), 가매(낮잠), 수부수(양치질)

궁중어에서 음식 분야의 궁중어 두 개를 맛보기로 제시하면 다음과 같다.

① 술(구슬/둥기/우둘)

② 밥(기시)

'① 술[酒]'을 일컫는 '구슬'은 입으로 먹는다는 뜻에서 한자 '구(口)'나, 늘 구하고자 한다는 뜻에서 한자 '구(求)'가 술 앞에 붙어 성립된 것으로 보인다. '슬'은 '술'의 변이형이다. '둥기'의 경우는 '술 주(酒)'와 음이 같은 '기둥 주(柱)'의 뜻을, 앞뒤를 바꾸어 표현한 경우이다. 그런데 '둥기'는 '기둥'의 은어이기도 하다. 또 '우둘'의 경우는 '두루 주(周)'의 뜻을, 앞뒤를 바꾸어 표현한 형태인 '루두'가 변이한 형태이다.

'② 밥[飯]'을 일컫는 '기시'는 한자어 '떡 기(粸), 주릴 기(飢), 숟가락 시(匙)'와 관련이 있을 수도 있으나, '밥'의 한자어 '食'에 접미사 '-이'가 붙은 '식이'를 앞뒤를 바꾸어 표현한 것으로 보는 것이 더 타당해 보인다.

그러면 조선시대의 궁중 상황을 상상해보자. 아마 다음과 같은 궁인의 아룀이 가능할 것이다.

"마마! 의대장에서 등의대와 봉지를 잡숫고 입참하여 지미하시옵소서."

무슨 뜻일까? "마마! 옷장에서 저고리와 바지를 입으시고 잔치에 참여하시어 그 맛을 보시옵소서."라는 뜻이다. 억지로 만든 문장이지만, 전혀 불가능한 문장은 아니리라. 만약 궁중어로 이야기했다면 당시 궁궐 밖 사람이나 지금의 현대인들은 전혀 무슨 뜻인지 이해할 수 없을 것이다.

이제 세상은 만인이 평등한 민주주의 시대를 맞이하였다. 이 땅에 혈통 승계의 왕좌는 사라지고 민의에 의해 선출된 대통령이 국정을 국

민을 대신해 운영하고 있다. 궁중의 언어가 사라지고 모두가 똑같은 언어, 표준어를 사용하는 시대이다. 언어에 의해 신분이나 직업을 구별 짓는 것은 이제 극소수 영역에만 한정되어 남아 있을 뿐이다. 현대로 내려오면서 언어도 평등해지고 있다는 사실이다. 그러나 과연 그러한 평등이 이루어지고 있는지는 모두 다시 한 번 생각해 볼 일이다.

22

우리말에 돌려서 하는 말이 많다

인간은 공동체 생활을 함께 누리면서 서로 조화롭게 살고자 협력한다. 이러한 생활 속에서 인간은 서로 언어를 통해 자신들의 생각을 여러 형태로 표현하거나 전달한다. 그런데 표현하거나 전달하려는 내용 중에는 너무 무섭거나 더럽고 추해서 대하기가 꺼려지고 회피하고픈 것들이 있다. 이런 상황에서 나타나는 것이 바로 돌려서 하는 말인 '완곡어(婉曲語)'이다. 따라서 완곡어란 '나쁘거나 좋지 않은 느낌을 꺼리고 회피하여 부드럽게 우회적으로 표현한 어휘'를 지칭한다. 다른 언어에도 이러한 현상은 있지만, 우리 국어에도 이런 현상은 두드러지게 나타난다.

인간이 일생에서 가장 두렵고 회피하고픈 것은 바로 '죽음'일 것이다. 따라서 완곡어가 발달되어 있다. '물고, 장서, 졸' 등이 죽음의 한자어 완곡어이며, '가다, 넘어지다, 떠나다, 뜨다, 없다, 잠들다, 궂기다' 등이 죽음의 고유어 완곡어이다.

언급을 회피하고픈 것 중에 '성(性)'이 또 있다. 이에 대한 완곡어도 매우 발달되어 있는데, '성 관계'를 뜻하는 완곡어에는 '관계, 밤일, 일, 잠자리' 등이 있으며, '음부(陰部)'의 완곡어에는 '국부, 아래, 물건, 소문, 잠지' 등이 있다.

중세후기 국어시대인 조선시대의 언어에서도 성(性)에 관한 언급을 철저하게 회피[5]하였다. 조선시대 전(全) 문헌을 통해 남녀의 성기에 대한 솔직한 표현은 한 곳도 없으며, 지금은 그런대로 ×라는 표현을 썼지만, 당시에는 완곡어로 대체하여 표현하였다. 그래도 남성에 관한 것은 좀 개방적이어서 '좃' 『마경초집언해』(17세기), '슈자ᄒᆡ 좃' 『동의보감』(1610년), '불알' 『동문유해』(1748년), '불ㅅ거웃' 『역어유해』(1682년) 등이 나타나기는 한다. 이 외에도 음부(陰部)를 '더러븐 아래, 구무', 욕정(慾情)을 '밑경', 남성 성기를 '제것', 음경(陰莖)을 '불줄기', 월경(月經)을 '더러븐 이슬' 등으로 표현하였다.

더러운 것의 대표격이 바로 '변(便)'일 것이다. 이에 대한 완곡어로는 '대소피, 뒤, 큰 거, 소마, 소피, 작은 거' 등이 있다. 참고로 조선시대에는 대변은 '큰 ᄆᆞᆯ', 오줌은 '져근 ᄆᆞᆯ'이라 하였다.

이 외에도 두려운 병환을 회피하는 완곡어에 '손님 자국(마맛자국), 마마/손님(천연두), 작은 손님(홍역), 가슴앓이(폐병), 종양(암)' 등이 있다.

김미형의 『국어 완곡 표현의 유형과 언어 심리 연구』(2000)를 참고하면, 대체로 이러한 완곡어는 친소성이 적거나 자기보다 지체가 높은 사람을 대상으로 삼을 때 많이 나타나며, 의도적인 배려의 측면도 있지만 버릇처럼 특별한 이유 없이 애매하거나 모호함 또는 추측 등의 측면이 최근에는 강한 추세라 한다.

인간의 사회생활은 날이 갈수록 복잡하고 다양하게 변하고 있다. 그동안 우리 언어생활의 묘미라 할 수 있는 완곡어는 최근 세계화 추세에 맞추어 서양의 외래어 유입으로 급변하고 있다. 완곡하게 돌려서 말하는

5) 유창돈(1975), 어휘사 연구, 선명문화사, 149~153쪽 참조

것보다는 직설적으로 상대방에게 생각을 전달하는 것이다.

이후로 우리 언중들의 언어생활이 완곡한 표현으로 부드럽고 예의 있는 방향으로 나아갈 것인지, 아니면 우회적인 표현을 벗어나 직설적인 표현으로 나아갈 것인지 지켜보아야 할 것이다.

'자신의 생각을 말하기 전에 반드시 세 번 정도 생각하라'는 어느 선인의 말처럼, 말이란 하기는 쉬우나, 한번 내뱉은 말을 주워 담기는 어려운 일이다. 또한 '말 한 마디가 천금 만냥'이라는 격언이 있고, 이덕무 선생도 그의 작품 『사소절』의 교접(交接) 부분에서 '다른 사람의 말 한 마디, 행동 한 가지를 보고서, 그 사람의 평생을 섣불리 판단하지 말라.'고 한 것처럼 말은 참으로 신중하게 하고 그 판단도 엄정해야 하는 것이다.

요즘 젊은이들은 자신의 생각을 거침없이 직설적인 화법으로 주장하는 경우가 많다. 때에 따라서는 용기 있어 보이고 힘이 강함을 느낄 수도 있으며, 대견스럽게 보일 만도 하다. 그러나 언어란 쉽게 내뱉은 말보다 한 번 생각하고 좀 부드럽게 돌려서 말하는 것이 인간 사회를 정감 있고 여유롭게 만들지 않을까 한다. 언어생활의 묘미, 완곡어가 이러한 역할을 함으로써 앞으로 우리의 언어사회가 더 고상하고 풍부해지길 바라는 마음이다. 직설화법보다는 완곡화법이 풍요로운 언어생활, 이것이 퍽퍽한 인간 사회에 윤활유가 될 것이다.

23 또 다른 이름 '호(號)'

본 이름 외에 편하게 부를 수 있도록 지은 이름을 '호(號)'라 한다. 특히 나이가 많은 어르신을 부를 때, 이름을 부르는 것이 불경스러워 호나 별칭을 쓰는 것이 생활화되면서 호에 대한 관심이 늘고 있다.

호는 본 이름을 부르는 것을 회피하고자 생긴 것이라고 하는데, 한국과 중국에서 주로 사용되고 있다. 대체로 호는 세 가지의 형태로 많이 짓는데, 자신이 사는 곳이나 살기 원하는 곳, 자신이 지향하는 뜻, 자신이 좋아하는 물건 등을 참고해 짓는다고 한다.

퇴계(이황), 율곡(이이), 화담(서경덕) 등이 첫 번째의 예이고, 남명(南冥)(조식), 학역재(學易齋)(정인지)는 두 번째의 예이며, 일석(이희승), 삼혹호 선생(이규보), 백사(이항복) 등은 세 번째의 예에 해당한다.

어떤 경우는 본 이름보다 호가 더 알려진 경우가 있는데, '소동파(소식), 한석봉(한호), 이태백(이백), 김소월(김정식), 김영랑(김윤식), 박목월(박영종)' 등이 대표적인 경우이다.

이러한 호는 집안에서 사용하는 당호(堂號)와 시 · 서 · 화 등에 쓰이는 아호(雅號)로 나눌 수도 있다. 대체로 한자어로 호를 짓지만 20세기에 들어서 '한힌샘(주시경), 가람(이병기), 외솔(최현배), 늘봄(전영택)'처럼 우리말을 사용하기도 하였다.

호가 가장 많기로 유명한 사람은 바로 추사(秋史) 김정희선생이다. '완당, 예당, 과파, 노과, 노융, 시암, 선객, 불로, 방외도인, 동이지인, 동해낭환, 보담재, 삼고당, 향남' 등 무려 500여 가지가 넘는 것으로 알려져 있다. 추사 선생의 호가 많았던 이유는 그때그때 처한 상황이나 마음가짐, 취향 등을 은연중에 드러내기 위해서라고 한다.

그러면 호는 대체로 어떻게 지어질까? 통상 존경하는 분이나 스승으로부터 받는 것이 많으며, 친한 친구나 부모로부터 받기도 하고, 자신이 스스로 만들기도 한다.

쑥스럽지만 필자도 호를 하나 가지고 있다. 소싯적부터 친한 친구가 붙여준 것이다. 조탁(鳥琢). 새가 지저귀며 쪼아대는 것처럼 말을 곧잘 한다는 좋은 뜻이란다. 그런데 '새 대가리로 쪼아댈 뿐이다.'라고 생각이 드는 건 웬일일까. 그래도 어쩌겠는가. 친한 친구가 그리 나를 생각해서 지어준 것이니 그냥 받아들일 수밖에.

현대에 이르러 호를 갖자는 주장은 고리타분한 주장으로 들릴 듯하다. 그러나 새로운 측면에서 보면, 호는 어쩌면, 시대의 정신이나 자신의 길 안내 그리고 주체성을 유지하는 고아하고 품격 있는 문화가 아닐까 한다. 자신이 좋아하는 호를 짓고 그에 따라 생활의 신조로 삼아 살아간다면 그 또한 즐거운 인생길이 아닐 수 없다.

24

우리나라의 또 다른 이름들

인간에게는 본 이름 외에 편하게 부를 수 있는 호(號)가 있듯, 우리나라 '대한민국'을 일컫는 또 다른 이름들이 몇 개 있다.

'근역(槿域)'은 무궁화가 많이 있는 나라라는 의미이다. 『근화향』, 『근역서화징』 등의 문헌에 나타난다. 나라의 상징 꽃으로 나라 이름을 표현한 경우이다.

중국에 대하여 동쪽에 있는 나라라는 뜻에서 '동국(東國)'이 있다. 『동국이상국집』, 『동국여지승람』 등의 문헌에 나타난다. 중국을 중심으로 하여 동쪽이라는 방향을 지시한 형태로 사대주의적 사상이 엿보이는 나라 이름이다.

중국에서 우리나라를 아주 얕잡아 보면서 일컫는 나라 이름이 있었는데, 그게 바로 '동이(東夷)'이다. 동쪽의 오랑캐라는 뜻이다. 그러나 '이(夷)'를 활을 잘 쏘는 민족이라는 뜻으로 보기도 한다.

'배달'이라 하여 밝은 땅을 뜻하는 나라 이름이다. 해가 가장 먼저 뜨면서 빛을 받아 밝아오는 형색을 나라 이름에 붙인 경우이다.

발해의 왼쪽에 있는 나라라는 의미로 '좌해(左海)'라는 나라 이름이 있다. 앞서 말한 동국(東國)이 중국 중심의 나라 이름이라면 이 나라 이름은 발해가 중심인 것이 다른 뿐이다. 만주와 요동 지역에 대제국을 이루었던 고구려 후예국 발해를 기점으로 했다는 데서 민족의 기상을 느낄 수 있는 나라 이름이다.

이와 비슷한 이름에 '해동(海東)'이 있다. 발해의 동쪽에 있는 나라라는 뜻이다. 『해동가요』, 『해동고승전』 등의 문헌에 전한다.

'진단(震檀)'이라는 나라 이름도 있다. '진(震)'은 번개를 뜻하는데, 으뜸, 장남, 맏이 등을 뜻한다고 하며, '단(檀)'은 단군왕검을 뜻한다. 즉, '진단'이란 고조선을 세운 단군왕검 때부터 으뜸이라는 의미가 들어 있는 나라 이름이다. 1934년 한국 및 인근지역 문화 연구를 위해 설립한 학술단체였던 진단학회(震檀學會)의 진단이 바로 여기서 따온 것이다.

'청구(青丘)' 또한 우리나라의 다른 이름이다. 과거 문헌상 청색은 동쪽을 상징하며 동쪽에 위치한 구릉(땅)의 의미로 붙여진 이름으로 보인다. 『청구영언』, 『청구야담』 등의 문헌에 나타난다.

'동방예의지국(東方禮儀之國)'이라 하여 중국에서 우리 민족을 일컫는 이름이다. 예의 바른 동쪽의 나라라는 뜻이다. 중국 중심 사고에서 비롯한 나라 이름이지만, 예의를 중시하는 민족성을 드러내준 나라 이름이다.

'제잠(鯷岑)'이라는 나라 이름이 『세종실록』 권제32, 33장에 등장하고, 『여암전서 강계고』에도 등장한다. 그러나 무슨 뜻에서 비롯되었는지 알 수 없다.

이상의 우리나라 별칭이 '배달'을 제외하고 모두 한자 이름인데, 현대의 순우리말로 '아침의 나라'라는 별칭이 있다. '조선(朝鮮)'이라는 나라 이름과 밀접한 이름이며, 지구상에서 해를 가장 먼저 맞이하는 희망과 출발의 의미로 일컫는 나라 이름이다.

과거 인도의 시성(詩聖)이며 노벨 문학상 수상자인 타고르도 '동방의 불빛이며 고요한 아침의 나라'라고 칭송했던 우리나라.

요즘은 세계에서 우리나라를 일컬어 '한강의 기적을 이룬 나라', 'K-팝 종주국' 등으로 이야기하는데, 한국전쟁 직후 극빈의 나라에서 이제는 세계의 문화를 주름잡는 나라로 탈바꿈했으니, 정말 장족의 발전이 아닌가. 한글이라는 고유 문자를 지니고, 반도국이라는 지정학적 위치에서 세계의 등불이 될 날도 머지않았으리라 생각한다.

25

한글을 배우는 또 다른 민족 - 찌아찌아족

2009년 한글날을 전후에 우리에게 한글에 대한 자긍심을 일깨우는 보도가 있었다. 바로 인도네시아의 조그만 섬에서 한글을 문자 표기로 사용한다는 것. 이 소식을 접한 우리는 참으로 놀랍고 기뻤고 신기했다. 바로 부톤섬의 부족 중 찌아찌아족이 한글의 자모를 쓰고 발음하는 영상을 보며 가슴 뭉클함을 느꼈으리라.

그러면 부톤 섬은 어떤 곳일까? 인도네시아의 작은 섬으로, 술라웨시 섬 남동쪽에 형성된 우림지역이다. 인구는 50만여 명이며, 찌아찌아족은 7만명 가량이고 토착어로 찌아찌아어를 사용한다. 부톤 섬의 가장 큰 도시, 바우바우시는 15세기 술탄이 지배했던 쿤 왕조의 수도였고 600년 역사를 지닌 부톤 왕국의 수도이기도 했으며, 이슬람 사원이 중심에 있는 도시이다. 찌아찌아족이 주로 거주하는 곳은 이곳으로부터 차로 40분 거리인 '소라올리오'라고 한다. 소라올리오 지역에는 초등학교 5곳, 중학교 1곳, 고등학교 1곳 등 총 7곳의 교육기관이 있는데, 이 가운데 한글을 정규과정으로 가르치는 곳은 2곳이란다.

EBS에서 2015년 10월 8일자 기획기사로 쓴 '한글, 세계화의 바람이 불다!'의 기사문의 일부는 다음과 같다.

한국어를 배우고자 하는 학생들이 증가하는 한편, '한글'을 공식 문자로 채택한 민족도 있다. 바로 인도네시아 부톤 섬에 거주하고 있는 찌아찌아족이 그 주인공인데요. 찌아찌아족의 경우 고유 언어로 의사소통은 가능하지만, 지금까지 말을 담은 그릇, 즉 표음화된 문자가 없어서 언어교육에 어려움을 겪었습니다. 이 어려움을 해소하기 위해 '한글'을 공식 문자로 채택하였으며, 초등학교 40여 명에게 한글로 표기된 찌아찌아말을 배울 수 있는 교과서를 나눠주고 주 4시간씩 수업을 시작하게 되었습니다.

찌아찌아족 초등학생에게 배포된 '바아하 찌아찌아', 찌아찌아 언어란 뜻의 교과서 안에는 부톤 섬의 역사와 사회, 지역 전통 설화 등과 더불어 한국의 전래동화인 '토끼전'이 있습니다. 자연스레 '한글'을 배움으로써, 우리나라의 문화도 교류할 수 있도록 하였죠. 이와 같은 찌아찌아족의 언어교육을 계기로 하여, 인도네시아 부톤 섬 바우바우시는 현재 인근 6개의 고등학교에 한국어 초급교재를 사용하여 한국어를 가르치고 있으며, 세계 속 '한글을 사용하는 섬'으로 나날이 거듭나고 있는 모습을 보이고 있습니다. 자음과 모음으로 구성된 '26자'의 간단한 조합만으로 영어보다 쉽고 빠르게 통신할 수 있다는 한글의 장점이 '한글의 세계화'와 그 가속화에 기폭제가 되고 있습니다.

찌아찌아족의 한글 교과서는 현재까지 두 권이 출간되었는데, 이호영 · 황효성 · 아비딘이 지은 『바하사 찌아찌아1』이 초급편으로 첫 번째 책이고, 2016년 1월에 중급편인 『바하사 찌아찌아2』가 완성되었다고 한다. 초급편은 한글의 자모를 익히는 활동과 읽기 등 기호에 중심을 둔 책이라면, 중급편은 실생활과 관련하여 사용되는 어휘들, 일상회화 형식으로 문장이 주가 된다고 한다.

그러나 현재 찌아찌아족의 한글 교육은 상황이 어려운 것으로 알려졌다. 인도네시아 중앙정부의 언어정책이 민족 통합을 위해 로마자로 표기해야 한다는 정책을 표명하고 있기 때문이다.

게다가 2009년 당시 큰 화두가 되었던 찌아찌아족의 한글사용은 당시 그곳에서 한글교육을 책임진 세종학당이 예산 문제로 난항을 겪다가 1년이 채 되지 않은 상태에서 문을 닫았다고 한다. 다행히 모 지방대학의 자체 재원으로 예산을 확보해 2012년 1월 바우바우 세종학당을 다시 개원했지만, 이것도 7개월 만에 문을 닫고, 2013년 문화체육부가 부톤대와 함께 할 국내 대학을 물색하면서 재개했다. 그러나 이 국내대학마저도 1년 만에 사업을 접어 현재는 한글교육사업의 주체가 없는 실정이다.

적극적인 투자와 관심이 있었더라면 하는 아쉬움이 남는다. 현재까지 정부차원의 지원이 없고, 민간인 한 분과 현지인 한글 강사 두 명이 500명이 넘는 아이들의 한글 교육을 책임지고 있다고 한다. 이를 후원하는 '한국 찌아찌아 문화교육협회'도 있다지만 현지 강사 급여를 대주는 것도 힘들 정도라 한다. 독지가의 도움이 절실한 형편인 것이다.

26

한글 간판의 시대는 언제 오려나

2010년도 들면서 외국인이 많이 찾는 서울 인사동을 중심으로 한글 간판이 늘어난다는 기쁜 소식을 접했다. '더페이스샵, 스타벅스 커피, 잇츠스킨, 미샤, 디초콜릿, 파리크라상, 네이처 리퍼블릭, 이니스프리' 등. 원어로 쓰지 않고 한글로 그 독음을 직접 써서 다소 낯설고 투박할 듯하지만, 전혀 그러한 기분은 없고 오히려 신선해서 좋다. 단, 본말 자체도 외국어를 쓰지 않고 아름답고 고운 순우리말이었으면 하는 아쉬움이 남지만.

거리를 걷다보면 순우리말의 새초롬한 간판들을 간혹 보면 정말 기분 좋고 정겹다.

'아리따움, 또와 빵집, 한끼 라면, 이슬비, 나그네, 가시버시, 길섶, 나들목, 다솜, 두레' 등.

최근 포털사이트 Naver에서 〈한글한글 아름답게〉라는 사업으로 2013년도부터 한글간판 사업을 진행하고 있다. 참으로 고무적인 일이 아닐 수 없다. 진행 된 사업 중 2013년도에 이루어진 작품들만 제시하면 다음과 같다.

꿈방구 구의문구 / 마수걸이(옷가게) / 솜씨방가구 / 꽃섶(한복공방) / 담아요(도자기 작업실) /둥글레 한 · 분식 / 꽃집의 아가씨는 예뻐요(꽃집) / 사랑을 부르는 팥빙수 / 부농(제주농촌밥상) / 은빛배달부(택배) / 엄 · 만 · 달(엄마가 만드는 달콤한 세상) / 한아름 문구 / 씽씽자전거 / 꿈제작소 / 착한식품 / 으뜸완구 / 솔거서림 / 달에 물들다(게스트하우스) / 착한과일 / 글동네 국어교습소

또 최근 서울의 북촌로와 율곡로 일대를 중심으로 우리글로 표현한 품격 높은 간판들이 줄지어 나타나는 현상도 너무 기쁜 일이 아닐 수 없다.

어느 날 우리나라 대도시의 번화가를 걷다 문뜩 드는 생각은 이곳이 미국 어느 도시의 한가운데가 아닌가 할 때가 많다. 온통 영어 일색이다. 참으로 한글 홀대를 보란 듯이 보여주고 있다. 최근에는 심지어 일본어나 중국어로 버젓이 간판에 써놓고 한글로 이를 대신해 표현조차 하지 않는다. 그럴 때마다 가슴 한 편이 막히고, 괜히 세종대왕님께 죄스러운 느낌이다. 세상이 국제화니 지구촌이니 떠들다보니, 언어도 하나의 공통어처럼 쓰는 것이 시대에 발맞추어가는 게 아닌가 하는 생각으로 그러는 것인지, 신종 언어사대주의에 빠져있는 젊은이에게 대한민국의 미래는 과연 어떨까 하는 걱정이 들기도 한다.

2015년 한글날 즈음하여 SBS방송이 보도한 내용을 보면, 어느 한글 단체가 전국 13개 도시 중심지역의 간판 3만 9천여 개를 조사하였는데, 이에 따르면 외국문자가 6천 5백건이고 외국문자와 한글을 혼용한 경우가 1만 2천 6백건이어서 외국문자가 포함된 경우가 총 49%나 해당된다는 것이다. 서체 자체가 촌스럽고 부자연스럽다는 이유를 들어 그리 하였다고 하는데, 아름답고 앙증맞은 우리 서체의 개발도 서둘러야 하지만 무엇보다 한글의 소중함에 대한 의식 개혁이 전제되어야 할

것으로 본다.

대중문화의 선도는 무릇 언어학자나 교육자만의 임무는 아니다. 간판업자를 비롯해 홍보 담당자들, 방송인들, 공무원들, 대민 담당 회사원 등 언어매체와 밀접한 모든 사람들이 하나로 뭉쳐 이룩해 나갈 과업이다. 정부나 지자체 차원에서도 이러한 노력의 일환으로 이들 업종 종사자에 대한 대대적인 연수와 관심이 필요하다. 방위비나 누리과정 예산 증액만큼 올바른 국어사용에 대한 지원도 적극적으로 행해져야 한다. 문화에 대한 투자는 확대하면서 올바른 한글 사용에 대해서는 등한시하는 것이 우습다.

27

한글 여행 일정 안내

해마다 정부에서도 소비문화 확대를 위해 문화관광콘텐츠를 개발해 대대적인 홍보를 한다. 그러나 그 내용을 보면, 자연주의, 치유 프로그램, 맛집, 체험거리, 풍경 관광 등이 중심이다. 한글도 훌륭한 문화콘텐츠인데 이에 대한 여행 일정을 안내하거나 소개한 것을 본 적이 없다. 따라서 여기에 내 깜냥대로 여행 일정을 정해 안내한다.

서울 세종로에 보면 세종대왕 동상이 웅장하게 자리를 잡고 있다. 먼저 세워진 이순신 장군과 나란히 있으면서 그 당당한 모습에 가슴 뭉클함을 느끼기도 한다. 진작 우리의 세종대왕께서 그곳에 먼저 계셨어야 할 것을….

그곳에서 세종대왕의 위용을 직접 느껴보고, 이를 충분히 느꼈다면, 그 동상 밑으로 가보라. 지하 계단을 내려가면 조그마한 무료 한글창제관이 있다. 세종대왕동상 바로 뒤가 그 입구이다. 그곳에 가면 '세종이야기' 설치부가 있고, 세종과 관련된 이야기와 한글 디자인 작품들, 천문 관측과 국악기에 관련된 세종, 디지털 시대의 한글 등이 소개되어 있다. 지하에 있기 때문에 날씨의 영향을 받지 않는 것이 큰 매력이다.

이곳을 다 봤다면, 근처의 성북동에 위치한 간송미술관으로 향한다. 거리는 10리가량으로 걸어서 1시간 정도 걸린다. 차량 이동의 도움을 받는 것이 좋을 듯하다. 이 미술관은 간송 전형필선생이 설립한 우리나라 최초의 사립 미술관이다.

간송 선생은 문화의 소중함을 일찍부터 깨달아 극적으로 귀한 문화재를 수집한 이야기가 여러 편 전할 정도이다. 간송 미술관에 바로 국보 제70호이며 유네스코 세계 기록 유산인 훈민정음 해례본(1446년)이 있다. 이 외에도 국보 제71호인 동국정운(1447년)도 함께 전시되어 있어, 15세기 한글 창제 당시의 문헌들을 고스란히 직접 육안으로 볼 수 있다. 우리 한글을 만든 모든 원리와 그 시발점이 바로 훈민정음 해례본에 그대로 남아 있다.

다음으로 11km 떨어진 용산구의 국립한글박물관으로 향한다. 국립중앙박물관 앞에 위치하고 있는데, 관람료는 무료이다. 이곳에는 총 167건의 한글 관련 자료가 전시되어 있는데, 용비어천가 권1~10, 월인석보 권1 등을 비롯해 청구연언, 훈몽자회, 분류두공부시, 홍길동전, 금수회의록 등 한글의 보물 같은 자료들이 소장되어 있다. 이곳에서는 '한글이 걸어 온 길'이라 하여 한글이 없던 시대의 문자, 한글 창제와 원리 등이 상세하게 전시되어 있다. 이 외에도 어린이를 위해 한글놀이터도 운영하여 예쁘고 쉬운 한글을 쉽게 접하도록 하였다.

지방으로 이제 옮겨 보자. 충남 예산군 삽교읍 신리에 '늘빛 한글문자조형박물관'이 자리하고 있다. 2014년 개관했는데, 건물 외부와 내부에 한글을 가지고 각종 디자인을 시도한 조형물들이 전시되어 있고, 여러 가지 한글 서예작품과 한글 도자기도 관람할 수 있다. 규모가 크지 않고 자그마한 박물관이지만 문자조형을 중심으로 한글의 색다른 면을 보기에는 충분하다.

마지막 여정은 경기도 여주의 영릉, 즉 세종대왕릉이다. 사적 195호이며 유네스코 세계문화유산이다. 사실 영릉은 세종대왕과 소헌왕후를 합장한 능이다. 영릉은 원래 서울 현릉 서쪽에 있었던 것을 예종 1년

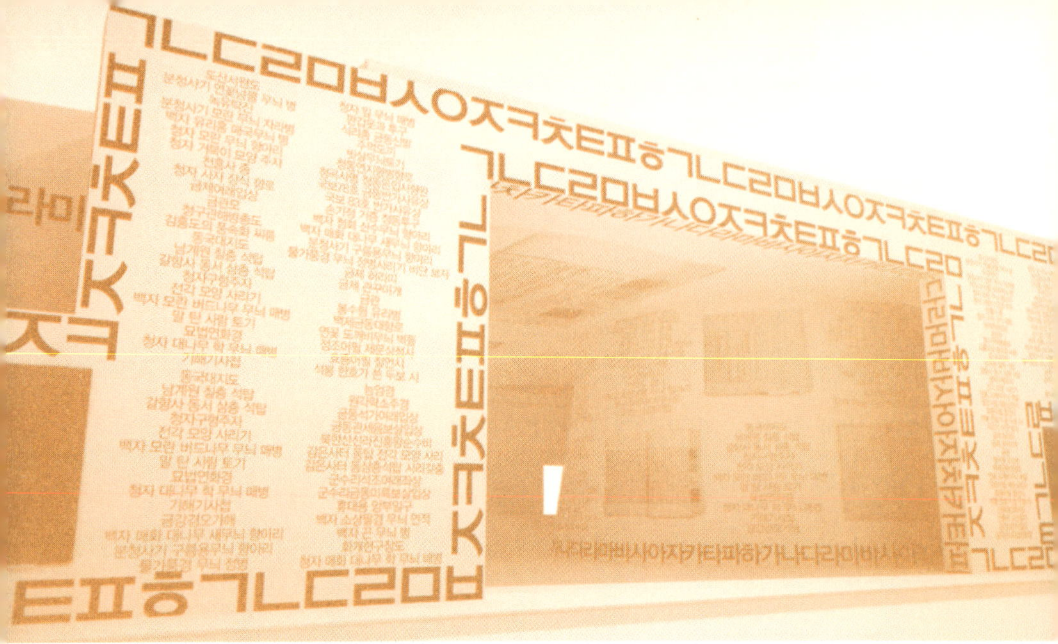

(1469년)에 여주로 옮긴 것이다. 주위에는 재실, 석물, 각종 과학기구 모형 등이 위치하고 있다. 능 앞은 일정한 질서를 갖추고 석물들이 놓여 있는데, 가장 아랫부분은 '하계'라 하여 무인석(武人石)이 서 있고, 그 위 중계에는 문인석(文人石), 그 윗부분 상계에는 망주석이 양쪽으로 서 있다. 또 상계에는 혼유석과 고석이라 하여 제사음식을 펼칠 수 있도록 하였고, 능은 난간석과 지대석으로 주위를 빙 둘러 에워싸고 있다. 능 바깥으로는 '곡장'이라 하여 병풍처럼 둘렀고, 능 근처에 석양(石羊), 석마(石馬), 석호(石虎) 등의 동물 문양 석물들이 서 있다. 이곳에서 왕릉을 가만히 둘러보라. 세계에서 가장 위대한 세종대왕의 업적을 다시 되새기고 과거의 모습을 흠모해 볼 수 있는 좋은 기회가 될 것이다.

이곳들을 하나하나 죽 돌다보면, 어느새 한글의 우수성을 새삼 느낄 수 있고, 세종대왕에 대한 감사함을 갖게 될 것이며, 자랑스러운 한글 때문에 어깨가 으쓱해지는 기분도 만끽할 수 있을 것이다.

28

간송이 지켜낸 훈민정음 해례본

바로 앞에서 간송 전형필선생에 대해 언급을 했지만, 이에 대해 더 할 이야기가 있다. 선생께서 훈민정음 해례본을 지키기 위한 노력을 이야기하고자 한다.

요즘은 집안의 벽지로도 흔히 사용되는 훈민정음 언해본 복사본은 우리의 품안에 들어오는 과정과 지키는 역정이 이야깃거리[6]가 된다.

간송 전형필 선생은 1906년 종로 4가에서 우리나라 최고의 부잣집 아들로 태어났다. 어릴 적부터 성품이 온화하고 학문을 사랑했으며, 박종화 선생을 비롯한 문학가와 고희동 선생 등의 화가와도 친분이 두터웠다. 특히 미술작품과 문화재에 관심이 많아 형편껏 최선을 다해 고미술품과 문화재를 수집하였다.

선생은 관훈동 한남서림에서 서적을 많이 구했는데, 한남서림은 당시 유일했던 대형 고서적 전문서점이었다. 당시 한남서림은 골동의 거간뿐만 아니라 조선 출신 지식인들도 많이 드나들었다. 그중 국문학자로 유명한 김태준이 어느 날 총애하던 제자, 이용준으로부터 자기 집 가보로 훈민정음 해례본이 내려온다는 말을 듣게 된다. 세종 때 자신의 조상이 여진 토벌의 공으로 하사받았다는 것이다. 김태준은 우선

6) 이 이야기는 네이버캐스트의 '테마로 보는 미술, 한국의 미를 지킨 간송의 삶과 수집과정'과 지식백과 '훈민정음 3부, 훈민정음을 지켜낸 간송 전형필'의 내용을 많이 참조하였다.

간송에게 해례본에 대한 정보를 귀띔해주고, 위험을 무릅쓰고 간송은 구입 의사를 분명히 했다. 당시 일제는 우리말과 글을 말살시키기 위해 혈안이 되어 있던 시기였다.

충직한 거간(상거래 흥정인)인 이순황을 통해 어렵사리 해례본의 진위 여부를 확인하였고, 간송 선생은 준비한 1,000원을 주며 이것은 별도의 사례비이고 해례본의 값을 10,000원으로 쳐준다는 이야기를 전한다. 당시 이 액수면 서울에 집 10채를 살 수 있을 정도라 한다. 간송 선생은 김태준으로부터 해례본이 있는 이용준의 주소를 알게 되었고, 이순황을 시켜 즉시 안동으로 달려가 해례본을 품안에 넣는다.

이와 다르게 책을 구했다는 일화도 있다. 한남서림에 앉아있던 간송의 눈에 빠른 걸음으로 서점 앞을 지나는 고서중개인이 보여, 그 연유를 물었다고 한다.

그랬더니 경북 안동에 훈민정음 해례본이 나타났는데, 책 주인이 1,000원을 부르기에 돈을 구하러 가는 길이라고 하더라는 것이다. 당시까지 훈민정음 해례본은 발견된 적이 없고, 일제 또한 한글 사용을 철저히 금했던 시기였다. 이 책이 일제의 손에 들어가면 큰일 난다는 생각에 간송 선생은 고서중개인에게 즉시 11,000원을 건네며 책 주인에게 만원을 전하고 천원은 수고비로 받으라고 했다. 그러면서 간송 선생은 "훈민정음 같은 보물은 적어도 이런 대접을 받아야 한다."라고 했단다.

여하튼 훈민정음 해례본을 손에 넣은 간송 선생은 이 사실을 비밀로 한다. 그리고 1945년 광복 후에야 세상에 공개했다. 1950년 한국전쟁 피난길에도 오동나무 상자에 넣어 낮에는 품고 밤에는 베개 삼아 한 순간도 몸에서 떼어내지 않았다고 한다.

한 위인의 멸사봉공 자세가 우리의 훌륭한 문화유산을 지켜냈으니, 그의 숭고한 뜻은 참으로 길이길이 본받을 만하다.

29 한글 기원설

훈민정음 해례본이 출현하기 전에는 한글 기원설에 대해 사람들의 의견이 분분하였다. 몽골문자 기원설, 고전(古篆) 기원설, 범자(梵字) 기원설, 중국어 기원설, 창호상형(窓戶象刑) 기원설까지. 이들 기원설은 각각 어떤 내용인지 간단히 알아보자.

컬럼비아대학 가리 레드야드(Gari Ledyard) 교수는 자신의 논문에서 한글의 글자체가 1269년 몽고의 쿠빌라이 칸이 '파스파'라는 티베트의 명승을 시켜 제작한 파스파 문자의 본을 받은 흔적이 보인다고 하였다. 그러나 비슷한 문자로 제시한 것이 불과 ㄱ, ㄴ, ㅂ, ㅅ 정도만 해당되어 신빙성은 크게 없다.

고전(古篆) 기원설도 있는데, 전서(篆書)는 기원전 3세기경 중국에서 사용했던 한자의 한 형태로, 이를 본 따 만들었다는 설이다. 정인지의 훈민정음 서문에 이와 관련된 문장인 '자방고전(字倣古篆)'이 있기도 하다. 그러나 이 문장은 옛날 전서(篆書)의 상형이 아니라, 옛날 전서(篆書) 만든 방식을 모방한 것으로 보인다.

범자(梵字) 기원설은 고대 인도의 문자인 산스크리트 어(일명 범어)에서 비롯되었다는 설이다. 20세기 초 이능화, 권상로, 안확 등이 주장한 학설인데, 이는 훈민정음 해례본이 발견되면서 낭설에 불과한 것이 되어 버렸다.

중국어 기원설도 몇몇이 주장하였으나, 설득력이 없으며, 중국어에서 정방형의 모양과 훈민정음의 초기에 있었던 성조만 일부 영향을 받았을 것이다.

창호상형(窓戸象刑) 기원설은 일제의 식민사관에서 비롯된 주장으로, 한글의 자모 체계의 모양이 창살의 일부분과 비슷하다고 생각하는 데서 비롯된 견강부회(牽强附會)식 이론으로 언급할 사항도 못된다. 지금도 가끔씩 연로한 분들은 이 기원설을 제시할 때가 있다. 잘못된 설이라고 말씀드렸다가 혼난 적이 있다. 어른이 한 말에 토를 달았다고. 안타까울 뿐이다.

이상에서 한글 기원에 대한 여러 이론을 살펴보았다. 물론 세종대왕은 집현전 학자들과 함께 각종 중국의 음운서를 비롯하여 당시의 여러 문자를 참고했을 가능성도 있다. 그러나 훈민정음의 자음과 모음이 만들어진 원칙을 보면 과학적이며 음성학적인 지식과 『역학(易學)』의 천지인(天地人) 사상이 근간이었다.

자음은 발음기관을 본 따 기본자 'ㄱ, ㄴ, ㅁ, ㅅ, ㅇ' 등의 다섯 자음을 만든 후 가획하여 나머지 자음을 완성하고, 모음은 천(ㆍ), 지(ㅡ), 인(ㅣ)을 기본자로 여기에 합용하여 나머지 모음들을 완성하였다. 일부 자모 모양이나 글자 형태, 성조 등은 주변 언어의 영향을 받았을 것으로 추정되나 편린(片鱗)에 불과하고, 전체적인 측면을 고려할 때, 훈민정음은 독창성이 뛰어난 문자임이 틀림없다.

30

최초의 한글은 '성조'가 있었다

세종대왕께서 훈민정음을 창제할 당시에는 지금의 한글 모습과 같았을까? 아니다. 다른 것이 있었다. 바로 '성조(聲調)'와 4개의 자모(ㅿ, ㆁ, ㆆ, ㆍ)가 있었다는 것이다. 성조란 중국어처럼 '음절 안에서의 소리 높이 차이'를 일컫는데, 이러한 성조가 흔히 중국어에만 있는 것으로 알고 있지만, 베트남어, 간다어[7], 이그보어[8] 등에서도 있다. 이러한 성조가 어휘의 의미를 변별하는 기능을 가진 것으로, 훈민정음 창제 당시에는 있었던 것이다.

훈민정음 언해본 첫 장을 보면, "나 · 랏:말ᄊᆞ · 미 中듕國 · 귁 · 에 달 · 아 …"식으로 표기되어 각 글자 왼쪽에 점을 찍은 것이 나타난다. 이것이 성조를 표시하기 위한 방점이라는 것으로 점이 없으면 평성(평탄한 소리), 1점이면 거성(높은 소리), 2점이면 상성(높아지는 소리)이며, 입성도 있으나 이는 촉급하게 끝나는 것을 표기하는 것으로 점찍는 것은 자유롭다. 이에 따라 윗부분의 인용구절을 읽다 보면 중국어와 다소 비슷한 현상을 느끼게 된다. 우리말에 성조는 중국어의 영향을 받아 수용된 가능성이 높다. 그러나 중국어의 성조와는 아주 다른

7) 아프리카의 우간다 언어

8) 아프리카 나이지리아 남동부의 이그보 인의 언어

형태이고, 그 자체로도 기발하고 독창적인 발상이었다.

이러한 성조는 16세기말경에 소멸된 것으로 전한다. 성조의 소멸이 장단점은 있겠으나, 언어 습득의 차원에서는 장점이 더 많으리라 본다. 성조는 소멸하였으되, 그 흔적을 지금까지 남기고 있다. 바로 경상도와 함경도 방언, 그리고 강원도 대관령 동쪽의 영동 방언에 그 잔영이 지금까지 고스란히 남아 있다.

함경도 방언의 경우, 길주, 성진, 단천 지역의 성조는 고조, 저조, 상승조의 세 가지 성조를 가지고 있는데, 이는 중세 후기(조선시대) 국어의 거성은 '고조', 평성은 '저조', 상성은 '상승조'의 흔적이 남아있는 것이다. 경상도 방언의 경우는 '고조, 중조, 저조'의 세 가지 성조를 경남 지역에서 가지며, 경북 지역에서는 '고조'와 '저조'의 두 가지 성조를 가지고 있다. 영동 방언의 경우에도 성조가 나타나는데, 경상도 방언과 유사한 편이다.

또한 우리에게 있는 장단음(長短音)도 그 흔적이다. 장단음 중에 상성이 대부분 현재는 장음으로 소리를 내고 있다. 예를 들어 장음 '말:[言]'은 상성이었고, 거성이었던 '말[斗]'과 평성이었던 '말[馬]'은 현대에 단음으로 발음한다.

31 한국어는 알타이어족이다?

언어를 계통론적인 기준에 따라 몇 개의 어족으로 나눈다. 오스트로어족, 인도태평양어족, 우랄알타이어족, 폰투스어족, 이베리아카프카스어족, 알라로데스어족, 아메린드어족, 매크로수어족, 콩고사하라어족 등 학자마다 의견이 분분한 편이다. 우리말은 통상 우랄알타이어족 중 알타이어족에 친족관계가 있어, 알타이어족이라는 학설이 그동안 지배적이었다. 알타이어족은 중앙아시아에서 북동아시아에 걸쳐 있는 알타이 산맥을 중심으로 터키 근방의 투르크어군, 몽고지역의 몽고어군, 시베리아 동부와 흑룡강 유역의 퉁구스어군 등으로 크게 나눈다. 우리말이 이들 언어와 같은 계통이라는 말인데, 그 근거로 다음의 공통된 특징을 제시한다.

첫째, 주어-목적어-동사의 어순을 가진다.
둘째, 교착어이다.
셋째, 모음조화가 있다.
넷째, 두음법칙이 있다.
다섯째, 부동사(副動詞, Converb)가 있다.
여섯째, 모음교체, 자음교체가 없다.
일곱째, 문법적 성(性, Gender)이 없다.

그러나 이러한 몇 가지 특성만 공유하지, 비교언어학 측면에서 고찰해 보면, 많은 기초 어휘 중에서 유사성이 발견되는 것은 불과 몇 개에 불과하다. 그리고 기초 어휘가 크게 차이가 나며 음운 대응이 분명하게 나타나는 경우가 적기 때문에 최근의 연구에 따르면, '한국어는 알타이어족에 가깝다.'로 보는 것이 정설이다.

사실 이 언어들이 실제로 같은 계통이기 때문에 유사한 것인지 단순히 접촉에 의한 상호작용 탓인지, 아니면 우연한 형태상의 일치인지 확인하기 힘들기도 하다. 따라서 일본어, 아이누어와 함께 한국어는 별도의 어족으로 보기도 한다. 최근의 초 · 중 · 고 교과서에는 우리말을 '알타이어족이다.'라고 단정하지 않고 '가깝다', '친근 관계가 있다.' 정도로 기술하고 있다.

우리말이 알타이어족이라고 주장한 대표적인 학자는 핀란드의 언어학자 람스테트(G.J.Ramstedt)이었다. 그는 일본에 주일 핀란드 대사로 근무하면서 우리나라를 몇 번 방문했고, 한국어를 연구하기 위해 한국 학생을 고용했다고 전한다. 그는 『Remarks on the Korean Language』(1928)라는 논문을 쓰고, 1939년에는 『A Korean Grammar』라는 논문도 쓴다. 그는 기본적으로 변형생성문법[9]을 배우고 소장문법학파[10] 계열이었다. 또 그는 우랄알타이어를 우랄어와 알타이어로 분리한 후 한국어가 알타이어임을 밝힌다.

그러나 발표 당시에는 아무도 그의 학설이나 저작물에 관심이 없었고 알려지지도 않았다. 우연한 기회에 알려지게 되는데, 그 야담은 다음과 같다.

---

9) 미국의 구조주의 언어학이 가지고 있던 난점을 타파하고, 언어에 대한 새로운 관점에서 언어구조를 기술해야 한다는 N.촘스키에 의하여 제안, 발달된 문법.

10) 음운 변화는 일정한 법칙에 따라서 일어나며, 역사주의만이 언어의 과학적 추구의 가장 적합한 방법이라고 주장한 비교 언어학의 학파. 1870년대 레스킨, 오스토프, 브루크만, 파울 등이 중심.

1952년 북유럽의 핀란드 헬싱키에서 올림픽이 개최되었다. 그 해 우리 선수단은 서울대 사회학과 교수이신 이○○ 씨가 올림픽선수단장을 맡게 되는데, 이 단장은 올림픽 기간에 우연히 여유 시간이 나서 핀란드 제1의 헬킹키 대학 도서관을 방문했다. 그곳에서 진열된 책과 논문을 죽 살펴보던 중, 한쪽 구석에 더께가 앉은 조그마한 논문을 발견하는데, 그 논문이 위에 제시한 1928년의 「한국어에 대한 고찰」이라는 논문이었다. 북유럽의 대학도서관에서 찾은 우리말 연구 논문. 실로 감격한 나머지 부랴부랴 이 단장은 이 책을 전면 복사하게 되고, 헬싱키 올림픽을 무사히 마치고 논문 복사물과 함께 한국으로 귀국한다.

귀국 후 당시 서울대에 근무 중인 국어국문학과 이○○ 교수와 안○○ 교수에게 이 논문 복사물을 전한다. 이 논문 복사물을 받은 두 교수 중에, 당시 바쁜 나머지 한 편에 놓아두었던 안○○ 교수는 그 책을 살필 겨를이 없으셨고, 이○○ 교수께서는 한국어의 기원에 대한 이 논문을 심도 있게 읽어 본 후 바로 이를 정리하여 학계에 소개한다. 이로써 우리말의 기원에 대한 연구에 불이 붙게 되고 그 내용이 세상에 빛을 보게 되었다.

우리말의 계통, 즉 뿌리를 몰라 헤매던 당시에 이 논문의 발견은 오아시스의 샘물 같은 아주 소중한 사건이 아닐 수 없다. 참으로 우연한 계기로 알려지게 되었지만, 그나마 다행이 아닐 수 없다. 이제는 우리나라에도 알타이 연구를 본격적으로 하는 학자가 몇 분되고, 미국의 인디애나 대학에서 우랄알타이어학으로 박사 학위를 받은 학자들이 속속 등장하고 있다. 늦었지만, 정말로 잘된 일이다. 앞으로 우리말의 뿌리에 대해 전문적이고 심도 있는 연구가 이러한 석학들을 중심으로 지속되기를 진심으로 바란다.

32 최근의 한글 약자에 대해

하루가 다르게 정보통신기기가 발달하고, 손에 전화, TV, 오디오, 신용카드, 컴퓨터 등의 역할을 다 모아 수행하는 휴대폰을 가지고 다니는 시대이다. 청소년들은 엄청난 속도로 변화하는 이러한 시대적 흐름에 몸을 내던지고 있고, 그에 따라 좀 더 빠르고 간편하고 편리함을 추구하는 시대로 나아가고 있다.

언어 소통도 이에 병행하여 온전한 문장을 구사하여 의사소통하는 시대가 아니라, 축약과 생략 등이 급속도로 퍼지고 있다. 그런데 이러한 언어의 특징은 맞춤법을 무시하고 발음을 색다르게 하며, 자음과 모음 또는 특수문자를 사용해 표현한다는 것이다. 다음을 보자.

자음이나 모음만으로 표현한 경우이다.

- ㅇㅇ : 응응
- ㄴㄴ : No No
- ㅇㄴ : 아놔(감탄사)
- ㄱㄱ : Go Go
- ㄱㅅ : 감사
- ㄱㅎ : 극한 혐오
- ㄷㅊ : 닥쳐

- ㅡㅡ : 으으
- ㅊㅋ : 추카(축하)
- ㅁㅊ : 미쳐
- ㅎㄹ : 헐
- ㅅㅂ : ×발(욕설)
- ㅈㅅ : 죄송
- ㅂㅂ : 바이 바이(Bye Bye)
- ㅇㅈ : 인정
- ㅇㄱㄹㅇ : 이거 real?
- ㅂㅂㅂㄱ : 반박불가

음절을 축약하거나 생략한 경우도 있다.

- 재접 : 재접속하다.
- 버정 : 버스 정류장
- 고터 : 고속 터미널
- 꿀잼 : 아주 재미있음
- 버카 : 버스 카드
- 솔까말 : 솔직하게 까놓고 말해서
- 비추 : 비(非)추천
- 문상 : 문화상품권
- 득템 : 좋은 물건을 (공짜로) 얻음
- 무플 : 댓글이 없음
- 걍 : 그냥
- 갈비 : 갈수록 비(非)호감
- 깜놀 : 깜짝 놀람

- 생파 : 생일 파티
- 1도 : 하나도

또한 일명 외계어라는 말이 나타나거나 벽자(僻字)를 사용하는 경우가 있다. 외계어란 외계에서 온 말처럼 이해하기 어렵다는 의미에서 붙여진 명칭으로, 인터넷상에서 통용되는 새로운 언어들을 가리킨다.

다음은 그러한 예의 몇 단어들이다.

- 뷁, 걍, 웕, 홣, 툁, 쨡, 빯, 깖, 쌽, 꿝, 쉁

이외에도 새로운 서술어가 등장하기도 한다.

- 간지나다.(폼 나다.)
- 째다.(도망가다.)
- 빡치다.(화난다.)
- 쩐다.(놀랍다.)
- 개웃기다.(몹시 웃기다.)

이러한 청소년들의 언어 현상에 대해 '언어 파괴 현상'이라 하여 심각한 걱정의 목소리를 내는 학자들이 있는가 하면, 일정한 시기에만 나타나는 자신만의 돌출 행위로만 보아 성년이 되면 없어지니 걱정 없다는 주장이 있다. 이에 대한 심도 깊은 연구는 시대가 흐른 뒤에 판명 나겠지만, 후자의 주장처럼 한 시대에서만 풍미하는 일시적인 문화현상으로 끝났으면 하는 바람이다.

33

국립국어원에서 인정한 최근의 신어(新語)

우리나라 국어 정책을 관장하는 국립국어원에서 시대의 흐름에 따르고자 몇 해 전부터 새롭게 인정하는 신어(新語)를 발표한다. 이러한 신어를 알지 못하면 가끔씩 동료나 친구들에게 대화 속에서 따돌림을 당하거나 상황을 이해 못하는 경우가 생기니, 요즘은 이 신어도 그때마다 공부하는 시대이다. 이 신어의 경향을 가만히 살펴보면 최근 우리말의 동향을 조금이나마 엿볼 수 있으리라 생각하여 소개한다.

- 고급지다 : 고급스러운 멋이 있다.
- 존맛 : 음식이 맛있음을 속되게 이르는 말
- 핵꿀잼 : 매우 많이 재미있음
- 극혐오하다 : 아주 싫어하고 미워하다.
- 극호감 : 아주 좋게 여기는 감정
- 금사빠녀 : 금방 사랑에 빠지는 여자
- 노관심 : 관심 없음.
- 뇌섹남 : 뇌가 섹시한 남자.
- 심쿵 : 심장이 쿵할 정도로 놀람.
- 개소름 : 심한 추위나 공포, 충격 따위로 피부에 돋아나는 소름

- 취향저격 : 상대방의 취향을 잘 알아 그에 맞게 행동함.
- 덕밍아웃 : 한 분야에 지나치게 심취하는 사람임을 공개적으로 밝히는 일
- 부먹파/찍먹파 : 탕수육에 소스를 부어 먹는 집단과 찍어먹는 집단
- 맥덕 : 맥주를 지나치게 좋아하는 사람
- 삭스홀릭 : 양말 사는 것을 광적으로 좋아하는 사람
- 진지병자 : 어떤 일을 가볍게 넘기지 못하고 진지하게 생각하는 사람
- 닥눈삼 : 닥치고 눈팅 삼 개월(인터넷 게시판 문화에 적응할 때까지 글을 쓰지 않고 다른 사람의 글을 지켜보기만 함)
- 쿨몽둥이 : 쿨하거나 멋있는 척하는 사람을 때리는 방망이

이상은 2014년 한 해 발표한 신어 중 아주 일부분이다. 이 해에 발표한 신어는 수가 334개나 된다.

2014년 국립국어원의 신어보고서를 참조하면, 신어의 97%가 명사나 명사구였으며, 조어론의 측면에서 복합어가 92.87%를 차지하고 이 중 합성어가 66.67%라 한다. 외래어로만 이루어진 신어가 30%를 차지하며 이들 중 90% 이상이 영어를 기반으로 하고 있다고 한다.

그동안 국립국어원에서는 1995년, 2000년, 2001년, 2002년, 2003년, 2004년, 2005년, 2014년까지 총 8회 신어를 발표하였다.

1995년에는 전원주택, 간판스타, 시트콤, 만능칩 등 1,000여 개가 인정되었는데, 이 어휘들은 현재 일상어로 흔히 쓰이는 경우이다. 그 이후 5년간 신어 발표가 없었다가 2000년부터 2005년까지 6년간은 해마다 신어를 발표했다. 2000년 2,947개, 2001년 2,884개, 2002년 2,696개, 2003년 2,426개, 2004년 2,241개, 2005년 408개이다. 2005년도 신어의 수가 수백에 불과하지만, 2014년도 마찬가지이다. 이러한 현상은

그 이전 어휘수가 신어의 수와 사전의 미등재어를 합쳤기 때문이다. 결국 온전한 신어의 수는 2005년과 2014년처럼 발표해마다 수백 개 가량이 정확한 것이다.

우리 어휘수의 확장 측면에서는 대단히 반가운 소식이다. 그러나 그 어휘 중에 바람직하지 못한 형태도 언중의 대중성 때문에 인정할 수밖에 없는 현실을 생각하면 한편으로는 씁쓸하면서 안타깝기도 하다.

34

우리말의 단어 수는?

단어란 분리하여 자립적으로 쓸 수 있는 말이나 이에 준하는 말을 일컫는 것으로, 사전에 등재하는 대상이 된다. 이러한 단어는 문법 단위에서도 매우 일반화된 기본 단위이다. 그러면 우리말의 단어 수는 과연 몇 개일까?

최근에 나온 국어사전 중 가장 방대한 어휘를 수록한 것은 국립국어원에서 편찬한 『표준국어대사전』이다. 1999년판 사전에는 총 50만 9,076개의 어휘가 7,328쪽에 수록되어 있는데, 국립국어원의 통계조사 보고서에 따르면, 명사가 33만여 개(65.82%), 동사가 6만 8천여 개(13.43%)이며, 다음으로 부사(3.52%), 형용사(3.41%) 순이라 한다. 애초에 언어가 발생하고 단어가 만들어질 때, 명사가 가장 먼저 생겼다는 설이 정설로 받아들여지고 있다. 명사가 가장 많다는 것은 사물이나 행위에 이름을 부여하는 것부터 인간의 사회생활이 비롯되었음을 보여주는 증거가 아닐까 한다.

자모별로는 'ㅇ'으로 시작하는 어휘가 7만 9천여 개로 가장 많았는데, 이는 모음으로 시작하는 단어가 많기 때문이고, 'ㅋ'으로 시작하는 어휘가 3천여 개로 가장 적다고 한다.

또한 음절수로는 2음절어가 14만여 개(32.2%)로 가장 많고, 3음절어,

4음절어 순이며, 동음이의어는 12만여 개이며, 동음이의어 중 '장'이 모두 46개 동음어로 가장 많다고 한다.

수록된 어휘 중 가장 긴 단어는 16음절로 된 '감지금니대방광불화엄경보현행원품'으로 '고려 말기에 감색의 종이에 금물로 쓴 화엄경. 국보 제235호.'의 뜻이다.

북한어는 7만 2,063개로 전체의 14.1%이며, 사투리 중에는 경상도 사투리가 5,851개로 가장 많고, 평안도, 제주도, 함경도, 강원도, 전라도, 충청도, 경기도, 황해도 순이었다.

한자어는 25만여 개로 전체의 50%를 넘게 차지하였고, 고유어는 11만여 개로 전체의 20%를 약간 넘게 차지하였다. 그 외는 외래어나 기타 어휘이며 외래어는 영어를 제외하고 독일어, 프랑스어 순으로 많다고 한다.

50만이 넘는 단어 중에서 평생 나는 몇 단어나 쓰고 죽을까? 아무리 말을 업으로 하는 사람이라도 하루에 일만 단어 정도 사용한다고 하니, 겹쳐서 쓰는 말이 태반일 것임을 고려하면 평생 1/5 정도인 10만 단어라도 쓰고 죽을까 하는 엉뚱한 생각도 해본다. 그런데 어찌 생각해보면 앞으로 더더욱 이 정도의 단어도 못 쓰지 않을까하는 생각도 해본다. 스마트폰이 발달하고 말 대신 문자 몇 자 작성하는 것으로 자신의 생각을 오롯이 전달하는 세상이다 보니, 텔레파시와 이심전심이 난무하는 시대가 도래한 것이다. 이러한 시대로 하루가 다르게 발돋움하는 것이 말의 불용성을 더 절감하게 만든다고나 할까.

35 북한의 표준어는?

북한도 표준어가 있을까? 있으면 무엇일까? 북한도 엄연히 국가에서 기준으로 삼는 말이 있다. 그러한 표준어를 북한에서는 '문화어'라 명명하고, 1966년 『조선말규범집』을 간행하여 '평양말을 중심으로 하여 노동자 계층에서 쓰는 말'로 규정하고 있다. 북한이 문화어를 제정하고, 남한의 표준어는 부르주아 및 복고풍 요소로 인하여 사람들의 의식 속에 좋지 않은 부르주아 사상과 유교적 봉건사상이 남아 있을 수 있다고 이야기를 한다. 언어에 사상이 내재함을 강조한 것이다.

남한이 영어나 일본어의 영향을 많이 받은 반면, 북한은 러시아어와 중국어의 영향을 많이 받았으며, 문화어는 두음법칙을 인정하지 않는다. 또한 남한의 표준어가 띄어쓰기를 강조한 반면, 북한의 문화어는 붙여 쓰기를 주로 한다.

자모에 있어서도 우리말의 전통적인 24자모를 인정하지 않고, 'ㄲ · ㄸ · ㅃ · ㅆ · ㅉ / ㅐ · ㅒ · ㅔ · ㅖ · ㅚ · ㅟ · ㅢ · ㅝ · ㅙ · ㅞ'의 이중 자모를 포함시켜 40자모로 하고, 그 명칭도 'ㄲ(된기윽), ㄸ(된디읃), ㅃ(된비읍), ㅆ(된시읏), ㅉ(된지읒)'으로 바꾸었다. 사잇소리가 나는 경우에도 사이시옷을 적지 않고 표기한다.

남한의 표준어와 북한의 문화어 중 몇 예를 보자.

	남한 표준어	북한 문화어
1	양잠(養蠶)	누에치기
2	소화물(小貨物)	잔짐
3	음절(音節)	소리마디
4	대화(對話)	서로말
5	추수(秋收)	가을걷이
6	파마(〈perm)	볶음머리
7	헬리콥터(helicopter)	직승비행기
8	롱패스(long pass)	긴연락
9	후크(hook)	똑딱단추
10	템포(〈tempo)	속도

– 김진우, 『언어』 중에서 –

여기서 한 가지 언급할 사실이 있다. 김진우의 『언어』에도 실려 있지만, 북한에서 '아이스크림'을 '얼음보숭이'이라 한다는 말은 과장이거나 억지인 듯하다. 『현대조선말큰사전』(북조선 사회과학원, 1981)에는 '얼음보숭이'라는 단어가 올라가 있지 않을 뿐만 아니라 '아이스크림'이라는 단어의 뜻풀이로 '얼음보숭이'로만 되어 있다고 한다.

게다가 실제 이와 관련해 북한 측 국어학자와 이야기한 일화가 있어 소개한다. 이 이야기는 당시 Y대 교수로 계신 H교수님께 직접 들은 것인데, 옮기는 과정에 다소 차이가 있을지 모르지만 핵심은 맞다.

노무현 정부 시절, 통일 미래를 준비하고, 남북한 언어의 괴리현상을 좁히고자 남북 국어학자들이 한 자리에 모여 의견을 모은 적이 있다. 이름 하여 겨레말큰사전 남북 공동편찬위원회이다. 2005년 2월 금강산에서 첫 위원회가 결성된 후 평양에서 2005년 7월에 2차 전체회의, 서울에서 동년 8월에 3차 회의 등을 서로 오가며 회합을 가졌었다.

그러한 와중, 한 여름에 협상회의를 할 때의 이야기이다. 당시 남한 측 국어학자가 북한 측 국어학자들에게 "날씨가 무척 더운데, '얼음보숭이'–당시 남한 측 학자들은 북에서 그렇게 부르는 것으로 알고 있었다.–나 하나씩 먹고 할까요?"라고 했단다. 그랬더니 북한 측 국어학자 왈 "얼음보숭이가 뭡네까?"라고 되묻더란다. 북한에서는 아이스크림을 그리 부르지 않느냐고 물었더니, 북한 측 학자들이 크크크 소리를 내어 웃으며, "우리도 그냥 아이스크림이라고 합네다."라고 했단다.

그동안 남북이 분단되어 오래 현실언어를 모르는 상태에서 남한 측 국어학자가 북한에서 발간된 사전을 제3국을 통해 구입하여 살펴보고, 사전에 등재된 뜻풀이만 가지고 성급하게 내린 현상에서 비롯된 웃지 못할 이야기이다.

하루하루, 한 달 두 달, 한 해 두 해가 지나면서 남북한의 이질화는 언어를 비롯해 문화, 예술, 철학, 과학 등 여러 분야에서 점점 심각해지고 있다. 중간 중간에 만나 접점을 찾고 이러한 이질화 현상을 막으려는 노력에도 불구하고, 급속한 정세와 변화의 흐름을 멈출 수 없는 지경이다. 우리는 지금 이러한 현상을 그냥 지켜보고만 있지 않은지 다시 한 번 생각해 볼 때이다.

36

남북한의 언어 차이는 어느 정도인가

한반도가 분단된 지 어언 70년이 넘어섰다. 21세기 초 남북한의 언어 이질화를 좁혀 보려는 노력도 몇 차례 있었으나, 그 이후 남북한 언어에 대한 공동 논의는 답보 상태에 놓여 있다.

그러면 남북한 언어 차이는 어느 정도 벌어졌을까? 2016년 11월 1일자 연합뉴스의 다음 기사는 그 해답을 제시하고 있다.

– (두략) –

한용운 겨레말큰사전편찬회 편찬실장은 1일 세종문화회관에서 통일준비위원회가 개최하는 '남북한 언어 차이 극복 방안' 공개세미나에서 "남한의 표준국어대사전(1999년)과 북한의 조선말대사전(2006년)을 비교한 결과, 일반어는 38%, 전문어는 66%의 차이를 보였다"는 내용의 '남북한 어휘 차이와 공동사전 편찬 방향'을 발표한다.

– (중략) –

김하수 연세대학교 교수는 '남북한 언어차이 극복의 언어사회학적 의미'라는 제목의 발표문에서 "현재 (남북 공동사업으로) 진행되고 있는 '겨레말사전편찬사업'을 앞으로 더욱 확상시키녀 지속적인 기획 사업으로 발전시킬 필요가 있다"며 "규모도 늘리고, 특수한 부문별 사전도 만들고

하면서 반세기 이상의 시일 동안 벌어진 그 틈새를 단단히 아교풀로 다시 이어 주는 작업을 계속하자는 것"이라고 밝혔다.

김 교수는 "아마 대중적인 출판물을 (남북이) 공동으로 발행하기는 부담스러운 점이 많을 것"이라며 "그러나 학술 목적의 연구 서적이나 자료집 같은 것은 매우 유용하고 서로에 대한 이론적인 이해에 많은 도움을 줄 수 있다. 전문가들을 위한 출판물에서부터 시작해 점점 대중의 세계로 옮겨 가는 것이 전략적으로 유용할 것"이라고 덧붙였다.

그래도 아직은 일반어가 38%, 전문어가 66%라 하니 걱정은 덜 된다. 일반인들의 의사소통에 아주 큰 지장은 없을 것이라 생각되기 때문이다. 그러나 일반어 간의 차이가 50% 이상을 넘긴다면 대화 속에서 심각한 의사소통의 장애를 일으킬 것이다. 같은 말과 소리를 쓰되, 서로 이해하지 못하고 눈만 껌뻑껌뻑 한다고 생각해보자. 정말 어처구니 없는 일이 아닌가.

37

김소월의 진달래꽃 원작은 지금과 다르다

2002년 시 전문 계간지로 창간한 『시인세계』가 2004년 창간 2주년을 맞이하여 국내 현역 시인 246명을 대상으로 기획한 '시인들이 좋아하는 애송시'의 순위 집계 중 상위 10위까지만 보면, 다음과 같다.

1. 김춘수의 '꽃'
2. 윤동주의 '서시'
3. 백석의 '남신의주 유동 박시봉방'
4. 서정주의 '자화상'
5. 이형기의 '낙화'
6. 한용운의 '님의 침묵'
7. 김수영의 '풀'
8. 김소월의 '진달래꽃'
9. 김수영의 '풀'
10. 정지용의 '향수'

그러나 2008년 KBS가 한국 현대시 탄생 100주년을 기념으로 일반인 1만 8,298명을 대상으로 한 순위 집계에서는 다음과 같은 결과가 나왔다.(상위 10위까지만 제시)

1. 김소월의 '진달래꽃'
2. 윤동주의 '서시'
3. 김춘수의 '꽃'
4. 윤동주의 '별 헤는 밤'
5. 천상병의 '귀천'
6. 한용운의 '님의 침묵'
7. 이형기의 '낙화'
8. 정지용의 '향수'
9. 도종환의 '접시꽃 당신'
10. 김소월의 '초혼'

전문가들인 시인들의 순위에서는 비록 8위에 머물지만, 우리나라 일반인들에게 가장 애송하는 시는 뭐니 뭐니 해도 바로 김소월의 '진달래꽃'이다. 그래서 진달래꽃은 노래로도 사람들에 입에 자주 오르내리고 국민들 중 시 한 편 외우고 있는 것을 말하라면 주저 없이 '진달래꽃'을 읊조리는 것이다. 그 정도로 '진달래꽃'은 우리 주위에 있고, 시 하면 '진달래꽃'이라고 주장할 만큼 우리에게는 가깝고 친근한 시의 전형이라 할 수 있다.

그런데 이 시의 원작이 애초에 지금 우리가 알고 있는 바와는 좀 달랐다고 한다. 1922년 『개벽』 7월호에 실린 원작을 보자.

진달래꽃

김소월

나 보기가 역겨워
가실 때에는
고히고히 보내 드리우리다.

영변에 약산
그 진달래꽃을
한아름 따다 가실 길에 뿌리우리다.

가시는 길 발걸음마다
뿌려 놓은 그 꽃을
고히나 즈려 밟고 가시옵소서

현재 우리가 아는 '진달래꽃'을 보자.

진달래꽃

김소월

나 보기가 역겨워
가실 때에는
말없이 고이 보내 드리오리다.

영변에 약산
진달래꽃
아름 따다 가실 길에 뿌리오리다.

가시는 걸음걸음
놓인 그 꽃을

사뿐히 즈려밟고 가시옵소서.

나 보기가 역겨워
가실 때에는
죽어도 아니 눈물 흘리오리다.

산화공덕(散花功德)과 애이불비(愛而不悲)를 표현한 이 시는 4연에서 1연의 내용을 반복하면서 그 애절함을 더해 줄 뿐만 아니라, 맨 마지막 구의 반어법은 이별을 거부하고자 하는 여인의 한을 잘 드러내는 명작이 아닐 수 없다.

원작과 수정작을 비교해 보자. 원작은 수정작에 비해 7 · 5조라는 음수율 가락이 느껴지지 않고, 수미상관의 반복 운율도 전혀 없으며, 보내기 싫은 여인의 심정이 잘 나타나지 않고 있다.

이처럼 우리 국어의 음절수를 어찌 놓느냐에 따라 운율은 완전히 다름을 알 수 있다. 3연이 4연으로 늘면서 기승전결의 구성을 이루고 안정적인 느낌도 발생한다. 감흥 또한 원작에 비해 수정작이 애절함과 아쉬움을 잘 표현하고 있다.

여기서 잠깐. 그런데, 이 '진달래꽃'도 지방마다 사투리에 맞게 고쳐 쓰면 참 재미있고 향토색 짙으며 감칠맛 나는 시로 재탄생하기도 한다.

참고로 진달래꽃을 각 지방의 사투리로 바꾸면 다음과 같다고 한다.[11]

경상도 사투리 버전

내 꼬라지가 비기 싫다고
갈라카모

11) 이 내용은 blog.daum.net/sasa0409/1507의 내용을 참고했다.

내 사마 더러버서 암 말 않고 보내 주꾸마.
영변(寧邊)에 약산(藥山)
참꽃
향거석 따다 니 가는 길바닥에 뿌려주꾸마.

니 갈라카는 데마다
나뚠 그 꼬슬
사부자기 삐비대 밟고 가 뿌레이~~

내 꼬라지가 비기 싫어
갈라카믄
내 사마 때리 직이뻰다케도 안 울 끼다.

충청도 사투리 버전

이제는 지가 역겨운감유
가신다면유.
어서 가시유 임자한테 더 드릴 건 없구유.

앞산에 벌건
진달래
한 뭉탱이 따다가 가시는 길에 깔아 드리지유.

가시는 걸음 옮길 때마다
지를 잊으세유 미워하지는 마시구유.
가슴 아프다가 말 것지유 어쩌것시유.

그렇게도 지가 보기가 사납던가유.
섭섭혀도 어쩌것이유.

울지 않것시유 참말로 잘 가유.
지가슴 무너지겠지만
어떡허것시유 잘 먹고 잘 살아봐유.

제주도 사투리 버전

나 바레기가 권닥사니 벗어정
가고정 헐 때랑 속 숭허영
오고셍이 보내주쿠다.

영변(寧邊)의 약산(藥山)
진달래꽃
가득 토랑 가고 정헌 질에 뿌려 주쿠다.

가고 정헌 절음절음
놓인 그 꽃을
솔때기 볼드명 가시옵서게

나 바레기가 권덕사니 벗어정
가고정 헐 때만
죽었자 아니 눈물 흘리쿠다게.

전라도 사투리 버전

나 싫타고야~ 다들 가부더랑께~
워~~매 나가 속상한거~
주딩이 딱 다물고 있을랑께.

거시기 영변(寧邊)에 약산(藥山)
참꽃
허벌나게 따다가 마시리롱 가는 길 가상에 뿌려 줄라니께.

가블라고 흘 때마다
꼼치는 그 꽃을
살살 밟고 가시랑께요.

나가 꼴배기 싫어서
간다 흔담서
주딩이 꽉 물고서 암 말 안 홀랑께 한나 신경쓰덜 말고 가부더랑께
겁나게 괜찮응께 워메~~ 뭣 헐라고 고로코롬 허야 씨것쏘잉.
나가 시방 허벌나게 거시기 허요이~~

강원도 사투리 버전

나 보기기 기매해서
듣구 버질
저는 입두 쩍 않구 고대루 보내드릴 기래유.

영변(寧邊)에 약산(藥山)
빈달뱅이 참꽃
한 보텡이 따더 내재는 질가루 훌훌 뿌레 줄끼레요.

내 걸리는 발짜구발짜구
내꼰진 참꽃을
지져 밟고 정이살페 가시우야

나 보는 기 재수바리웁서
내틸 쩨는
뒈짐 뒈졌지 찔찔 짜잖을 끼래요.

참으로 같은 표현이 달리 표현되면서 재미있지 않은가?

38

색채어가 없다고 감각이 무딜까

우리 한글의 특징 중에 하나가 '색채어의 발달'이다. 이에 대해 여러 의견이 있는데, 다양한 색깔의 구별로 색채 감각과 디자인 의식이 다른 나라에 비해 월등한 것처럼 떠든다.

그러나 김진우의 『언어』(2007:354)에 제시된 연구 결과에 따르면 전혀 그렇지 않다. 색의 명칭의 수에 따라 색에 대한 감각이 다르지 않다는 것이다.

아직도 석기시대의 문화를 가지고 생활하는 뉴기니의 원시인들은 다니(Dani)어를 사용하는데, 그들에게는 '밝다(Mola)'와 '어둡다(Mili)'만 있단다. 그들에게 언어학자가 색을 알아맞히는 실험을 해보았더니, 색깔을 다양하게 제시하는 언어의 사람과 차이가 없더라는 것이다. 따라서 색채어의 많고 적음이 색깔감각과는 비례 관계를 갖지 않으며, 오히려 반대로 근본적인 지각의 범주와 인식작용은 언어의 구조와 관계없이 보편성을 띠고 있다는 것이다.

이러한 연구는 아프리카 원주민을 데리고 청색과 검정색 사이에 하늘색, 바다색, 연청색, 진청색, 코발트색 등을 구별하라고 했더니, 세 가지 색만 지칭하는 언어가 있던 부족의 원주민들도 그 색깔의 공을 정확하게 척척 잘 찾아내더라는 연구도 있다.

결국 언어가 인간의 기본적인 지각의 범주와 인식작용은 할지라도 이를 규정하는 원인이 될 수 없다는 것이다.

우리도 실생활을 하면서 흔히 느낀다. 말로 표현할 수는 없지만 분명히 현상을 구별하고 있다는 것을. 그래서 간혹 그런 표현을 쓰지 않던가? 형언할 수 없다는 둥, 말로 표현할 수 없다는 둥.

온갖 사물이 세상에는 무궁무진하며 새로 생겨나기도 하고 또 사라지기도 한다. 이러한 사물을 일일이 구별하는 지칭어가 있다는 것은 인간의 사고에서 생활의 편의상 단지 규정을 짓기 위한 것뿐이다. 굳이 사물을 지칭하는 어휘가 없다손 치더라도 그 사물은 존재하고 있다. 따라서 사물과 지칭어의 일대일 관계에 한계가 있음을 생각하게 된다. 사물의 세계는 무한하다. 또한 언어의 생성력도 무한하다. 그러나 두 무한함 속에서 반드시 대응은 이루지 못한다. 왜? 서로 그러한 필요성을 지니지 않은 것도 있고, 또 서로가 변화하며 움직이고 있기 때문이 아닐까 한다.

39

우리말의 묘미, '속담'

우리말에 속담이 참으로 많다. 속담 정리집으로 유명한 이기문의 『속담사전』(1962)에는 총 712면에 7,000여 가지의 속담을 수록하였는데, 출전과 용례까지 밝힌 저서이다. 이러한 속담에는 우리 민족의 교훈이나 풍속, 풍자 등이 비유의 수법을 통해 고스란히 표현되고 있다.

속담은 삼국시대에도 흔하게 사용되었을 것으로 추정하는데, 『삼국유사』 권5에는 '내 일 바빠 큰 댁 방아 서두른다.'라는 속담이 전해지기도 한다.

속담은 다음과 같은 다섯 가지 절차를 통해 만들어진다.

먼저 어느 특정인 개인에게 특수한 사례가 발생하고, 그 사례를 말로 묘사하며, 그 묘사 중에 좀 다듬어지고 이것이 언중의 공감과 재인용을 획득함으로써 하나의 속담으로 고정이 되고 타인에게 전달되는 것이다.

속담은 가끔 본래의 의도와는 다르게 와전되어 나타나기도 하는데, '굴원(屈原)이 제 몸 추듯'이라는 속담이 시대를 거치면서 '구렁이 담 넘어가듯'으로 와전된 것이 대표적인 경우이다.

속담은 8음절이 가장 많고 9음절, 7음절 등이 그 다음으로 많으며, 대체로 10음절 이내로 구성되는 편이다. 또 대구를 이르는 좌우 대칭형이 발달하였다.

속담을 연구한 한 심리학자는 우리의 속담을 언어 중시, 체면 지향, 눈앞의 실리, 피해의식 등으로 특징지을 수 있다고 한다.

그런데, 여기서 참 재미있는 것은 속담 속에 생활의 지혜와 과학이 있는 경우도 있다는 것이다. 〈한국향토문화전자대전〉에 수록된 글을 인용하면 다음과 같다.

1. 뇌우 많은 해는 풍년 : 뇌우(雷雨)란 번개와 같이 쏟아지는 비를 말하는데, 비와 함께 내리는 번개는 땅의 거름을 질소 화합물로 만드는 데 큰 역할을 하기 때문에 풍년을 준다는 것이다.
2. 백로까지 핀 고추 꽃은 효도한다. : 9월 초순의 절기인 백로에 꽃을 피운 고추는 45일 후 수확하게 되는데, 10월 하순경 수확이 가능하며 농가에 큰 소득이 된다는 것이다.
3. 추석에 비가 오면 흉년 든다. : 9월 하순경의 추석에는 벼 수확기로 비가 필요 없다. 따라서 이때의 비는 피해만 줄 뿐이다.
4. 들깨 꽃 피면 큰 바람 없다. : 들깨 꽃은 8월말에서 9월 초순에 꽃을 피우는데, 이때쯤이면 태풍이나 큰 바람이 없다는 것이다.

이상처럼 우리 선조들은 자연현상에서 과학을 읽었고, 이를 통해 생활의 지혜로 삼았으니, 참으로 자연 친화의 삶을 언어 속에 투영한 모습이 얼마나 지고지순한가?

40

우리말의 욕설, 이제는 자제해야

우리말에는 속담과 같이 선조의 지혜를 느끼게 하는 비유 문장도 많지만, 욕설처럼 저속한 표현도 많이 발달했다고 한다. 우스갯소리로 외국인들이 한국어를 배울 때 욕부터 배운다는 이야기도 있다. 부끄러운 일이다. 특히 최근에는 청소년들 위주로 급속도로 욕설이 발달하고 사용 범위도 확장되는 인상이다.

EBS방송이 한국교육개발원의 2010년 연구를 인용하여 보도한 내용을 보면, 청소년들이 욕설을 사용하는 이유가

첫째, 습관이 돼서(25.7%)
둘째, 남들이 사용하니까(18.2%)
셋째, 말로 스트레스를 풀기 위해서(17%)
넷째, 친구끼리 친근감을 나타내기 위해서(16.7%)
다섯째, 남들이 만만하게 볼까 봐(8.2%)
여섯째, 편하니까(5.4%)
일곱째, 누군가를 무시하거나 비웃기 위해(4.6%)
여덟째, 욕설을 사용하면 말이 잘 통해(4.2%) 등으로 나타났다.

이 분석에서 특기할 만한 것으로 남학생들은 친구끼리 친근감을 나타내기 위해 욕을 가장 많이 사용했으며, 여학생들은 말로 스트레스를 풀기 위해 욕을 가장 많이 사용했다. 어쩌면 이러한 모든 일들이 우리 교육의 문제점에서 비롯되지 않았나 생각도 해본다. 친밀감을 유도할 수 있는 운동이나 예술 활동 등을 등한시하고 오직 성적 향상에 아이들을 내몰고 있지는 않은지, 스트레스를 풀 시간과 공간은 주어졌는지 고민할 때인 것이다.

또 가장 많이 하는 욕으로는

첫째, 씨×, 개×발, 씨×새×, 씨××, 씨×랄
둘째, 바보새×, ×딱, 병×, 븅×, 빙×, ×자
셋째, 개××, 개×, 개×이
넷째, 미친×, 미친×, 미친새×
다섯째, ×나, ×라, ×만한 새×, ×같은 ×끼

이와 같은 현상에 대해 서울대 심리학과 곽금주 교수는

"욕설을 많이 듣고 많이 하게 되면, 다른 어휘는 점점 머리 안에서 사라지고, 어떤 순간이든 무조건 욕설에 해당되는 단어만으로 대체하여 말을 하다 보니까 어휘력도 낮아지게 되면서 결국 나아가 인지능력까지 낮아지는 그런 효과를 가져 온다."고 하였고, 가천의대 뇌과학연구소 김영보 교수는

"욕이라는 게 굉장히 충동적이면서 반사적인 감정의 뇌를 건드리기 때문에 그런 언어를 계속 구사하면 우리 신체도 더 충동이 되고 더 공

격적이 된다."고 보았다.

이러한 현상을 막기 위해 교육부를 비롯해 각 교육청과 학교에서도 바른말 쓰기 캠페인을 펼치고 있다. 그러나 크게 효과를 보고 있지 못하니 문제이다. 좀 더 다양한 콘텐츠나 형식을 개발하여 교육과정 속에 운영해야 할 것이다.

특히 인터넷의 발달로 게임이나 SNS를 통해 욕설은 유통되고 확대되는 양상이다. 욕설의 사용을 금지하기 위해, 욕설의 어원과 그 정확한 의미를 설명함으로써 욕의 살벌함과 치명적 언어폭력을 깨달을 수 있도록 하고, 서로 배려하고 존중하는 사회적 풍토를 조성해야 할 것이다. 아울러 욕설이 상대방을 모욕하거나 명예훼손을 주었다고 인정될 경우, 상대방의 고소를 받아 법적인 처벌을 받을 수 있음도 널리 알려야 할 것이다.

41

외래어를 원칙대로 쓰자니, 좀!

짜장과 짬뽕에 관한 이야기 좀 하자. 2011년 짜장이 표준어로 인정받기 전까지만 하여도 '짜장'은 '자장'의 잘못된 표현이었다. 당시에는 그래서 다음과 같은 질문을 줄곧 받았다. '짜장'이 틀리고 '자장'이 올바른 표현이라면, '짬뽕'도 '잠봉'이 올바른 표현인가라고. 그러나 짬뽕은 '짬뽕'이 옳다. 이 단어는 'Champon'이라는 외래어가 일본을 통해 들어온 이른바 2차 외래어로 '짬뽕'이 올바른 표현인 것이다. 물론 '짜장'도 'Zhajiang'이라는 중국어에서 온 외래어이다. 그러나 외래어 표기법 규정에 중국어 'Zh'은 'ㅈ'으로 표기하도록 제시되었기 때문에 '자장'이 올바른 표현이었던 것이다.

'새시'와 '샷시'의 사용도 살펴보자. 새시(Sash)란 철 스테인리스강, 알루미늄 등을 재료로 하여 만든 창틀을 일컫는 말로, 건축 자재에 흔히 쓰는 일상어이다. 그런데 언중들 대다수가 '샷시'라고 쓰고 발음하지, '새시'라고 쓰고 발음하는 경우는 거의 없다. 설혹 그렇게 어느 화자가 발음한다면 못 알아듣거나 웃음을 자아낼 것이다. 따라서 외래어 표기법에 따른 올바른 표현 '새시'를 사용할 경우 의사소통에 장애가 발생한다. 그렇다고 '샷시'를 올바른 표현으로 하자니, 외래어 표기법에 위배되고, 참 난감한 경우이다.

이와 비슷한 경우로 '안마'의 외래어 '마사지(Massage)'와 '맛사지'도 그렇고, '차 앞덮개'의 외래어 '보닛(Bonnet)'과 '본네트', '바닷가재'의 외래어 '로브스터(Lobster)'와 '랍스타', '건축용 널빤지'의 외래어 '패널(Panel)'과 '판넬' 등도 같은 경우이다.

외래어 규정의 원칙을 철저히 준수하다보면 이렇게 언중들의 언어생활에서 괴리를 느끼게 하는 몇몇 단어들로 곤란을 겪는다. 그러나 이들 몇몇 단어만 언어현실을 고려해 인정한다면, 외래어 표기법 자체가 흔들리는 위험을 초래하니, 이러지도 저러지도 못하는 것이다. 현 상황에서의 방법은 외래어 표기법을 일관되게 적용하는 것이 언중들의 혼란을 최소화할 수 있는 유일한 방책인 것이다.

42

표준어 어휘 중 좀 이상한 것들

우리말 어휘 중에 좀 생각해 볼 것들이 있다.

거센소리 중 하나인 'ㅋ'은 음절 어두에 간혹 오지만 어말에는 극히 사용 빈도수가 적다. '부엌'과 '쪽(방향)' 또는 '어떤 때의 무렵'이란 의미의 '녘'이 있다. '부억'과 '녁'이 아니라 이 두 경우만 'ㅋ'을 사용한 이유는 무엇일까?

과거 문헌의 기록을 보아도 '부엌'의 경우 '브석, 브섭' 등이 쓰이다가 '브억'으로 변한 예가 발견되고, '녘'의 경우는 고어형이 '녁'으로만 표현되었지 '부엌, 녘' 등의 표현이 없다. 과거 신라 지역, 즉 경상도 지역의 방언에 '부엌, 녘' 등의 표현이 등장하는데, 후일담으로 전하는 이야기로는 표준어 선정 시 선정위원들이 경상도 출신이 많아서 비롯된 현상이라고 한다.

나무와 풀이 살아 있는 낱 잎을 일컫는 '이파리'가 있다. 명사 '잎'에 접사 '-아리'가 붙은 파생어로 '잎아리'가 뜻 파악에 도움될 성싶으나 어형이 굳어 소리 나는 대로 표기한 '이파리'를 표준어로 삼았다. 이 어휘도 문자를 시각적으로 파악하는 면을 고려한다면 '잎아리'가 표준어 표기로 적당하지 않을까 하는 아쉬움이 남는다.

분명 사투리일 것이라고 생각하지만 당당하게 표준어인 어휘가 있다. 바로 '이름이 얼른 생각나지 않거나 바로 말하기 곤란한 사람 또는 사물을 가리키는 대명사'인 '거시기'이다. 흔히들 전라도 사투리에서 온 말이 아닌가 생각하지만 잘못된 생각이다.

과거 시제를 표현하는 선어말어미에 '–았/었–'이 있다. 이와 비슷한 음절이 어간에 있어, 표기에 혼동을 초래하는 단어가 있다. '빼앗다'가 그것이다. 어간이 '빼앗–'인데, '앗'이 과거시제 선어말어미와 발음이 같아 혼동이 일어나고, 이에 따라 '빼앗다'를 '빼았다'로 쓰는 경우가 종종 있다.

또 흔히 '줏어 먹지마, 쓰레기 줏어'처럼 잘못 쓴다. 바로 '줍다'의 잘못된 표현 '줏다'이다. 그런데 이 '줏다'는 북한에서 '필요한 것을 골라서 잡다.'의 뜻으로 '활자를 줏다.'처럼 사용한단다.

그러면 왜 많은 사람들이 이를 잘못 쓸까? '줏다'는 '줍다'의 옛말로 15세기부터 사용하였다. 1927년 『조선지광』 65호에 발표된 정지용의 〈향수〉 원문을 보아도 '이삭 줏던 곳'으로 나옴을 볼 때, '줏다'와 '줍다'의 혼동은 1930년대까지 있은 듯하다. 그러니까 1933년 한글맞춤법통일안이 제정되기 전에는 '줏다'로 흔히 쓰던 것을 1933년 이후부터 '줍다'로 표준어를 삼은 것이다. 그 흔적이 아직까지 남아 있는 것이다.

'머리카락을 한데 뭉친 끝'을 일컫는 말에 '머리끄덩이'가 있다. 그런데 이 표준어보다는 '머리끄뎅이'라는 표현을 더 많이 쓰고 사용한다. 이를 국어학에서는 'ㅣ'모음 역행동화라고 하는데, 이 현상으로 만들어진 어휘는 표준어로 인정하지 않는다. 그런데 이 어휘도 표준어를 사용하면 언중들이 잘 알아듣지 못하니 문제다.

'택도 없다'의 '택'은 우리 국어사전에 올랐을까? '턱'이라는 어휘는 있어도 '택'은 등재되지 않았다. '택'이 '턱'의 경상도 사투리로만 등장할 뿐이다. '알 턱이 있나'처럼 '턱'이 쓰이지만, '택도 없다'는 다 아는 바처럼 '말도 안 된다, 어림없다'는 의미이기에 '턱'과는 그 의미가 다르며, '턱도 없다'라는 표현을 쓰지도 않는다.

'껍질'과 '껍데기'의 사용도 구별해서 해야 한다. '껍질'은 단단하지 않은 표피를 뜻하기에 '귤껍질'처럼 사용함이 옳고, '껍데기'는 단단한 표피를 뜻하기에 '달걀 껍데기'로 써야 옳다. 따라서 안주의 일종인 '돼지 껍데기'도 '돼지 껍질'로 써야 옳다. 그러나 대다수 언중들은 '돼지 껍데기'로 써야 풍미가 더하지 '돼지 껍질'은 맛이 없어 보인다고 한다. 마치 '자장'보다 '짜장'이 더 맛깔스러운 표현인 것처럼.

43 국어의 관용 표현

어떠한 언어든지 오래된 관습에서 유래된 것이 굳어져, 본래의 의미와는 별개의 뜻으로 쓰는 표현들이 있다. 특히 둘 이상의 어휘들이 합쳐져서 본뜻과는 전혀 다른 뜻을 획득하기도 하는데, 이러한 표현을 '관용 표현'이라 한다.

예를 몇 가지 들어보자.

- 눈이 빠지다. : 몹시 애타다.
- 발이 넓다. : 아는 사람이 많다.
- 시치미 떼다. : 하지 않은 척하거나 모르는 척하다.
- 손을 끊다. : 일을 그만두다.
- 엉덩이를 붙이다. : 한 가지에 몰입하다.
- 피도 눈물도 없다. : 인정사정없다.
- 목에 힘주다. : 강조하거나 위세를 떨다.
- 얼굴이 두껍다. : 뻔뻔하다.
- 가슴이 미어지다. : 매우 슬프다.
- 얼굴이 피다. : 좋은 일로 얼굴에 활기가 넘치다.
- 간이 붓다. : 겁이 없다.

- 코가 납작해지다. : 기가 죽다.
- 시원하다. : 음식이 뜨거우면서 속이 후련하다.

특이한 것으로 주로 신체어와 연관된 관용 표현이 많다는 것이다. 이러한 현상은 신체어가 사람의 몸에서 가장 거리상 가깝고 신체 부위를 통해 행동을 하기 때문일 것이다. 아울러 이러한 신체어가 점점 여러 가지 뜻을 가지게 되면서 주된 의미에서 부차적 의미가 많이 파생되고, 그러면서 여러 뜻을 지닌 단어로 자리매김을 했을 것이다.

이러한 관용 표현은 외국인이 최후에 터득하는 표현이며 오래된 관습과 문화를 경험한 후에야 이해된다. 다음과 같은 일화를 보자.

> 어느 겨울날, 서로 친구인 한국인 갑과 외국인 을이 대중목욕탕에 같이 갔다. 먼저 들어선 한국인 갑은 목욕탕 가운데 있는 뜨거운 온탕에 몸을 슬며시 넣으면서, "아! 시원하다."라고 했단다. 이를 들은 외국인 을은 갑이 시원하다고 하니 Cool의 의미로 이해하고 자신도 탕 안에 텀벙 몸을 집어넣었다. 그런데 아뿔싸. 굉장히 뜨거운 것이 아닌가? 을은 갑에게 화를 낸다. 왜 시원하다고 했는지?
>
> 목욕을 끝낸 갑은 을에 사과의 의미로 저녁을 대접하기로 하고, 맛집인 매운 육개장 전문점을 찾았다. 곧이어 나온 육개장을 갑은 한 입 넣으면서 "아! 시원하다."고 했다. 이를 또다시 Cool로 인식한 을은 크게 한 입을 떠서 입안에 넣는다. 그러나 웬일인가? 너무 뜨거워 먹는 순간 도로 뱉어내게 된다. 그러면서 갑에게 또 따진다. 왜 시원하다고 했느냐고.

위 상황은 설정된 상황이지만, 충분히 가능한 이야기이다. 우리는 '시원하다.'라는 말의 뜻에 속이 후련하다는 뜻이 있음을 알지만 외국인에게 그 말은 교육을 받거나 경험, 수많은 대화 등을 통하지 않고는 터득하기 힘든 관용 표현이다.

우리가 시간을 표현하는 것도 관용 표현이 있다. 예를 들어 '3시 3분'이라는 시각을 표현할 때, '세시 삼분'이라고 읽지, '세시 세분'이나 '삼시 삼분'으로 읽는 한국인은 없다. 우리나라 사람들에게는 무의식적으로 자연스럽게 시각을 표현할 때, 시는 고유어 수관형사로, 분은 한자어 수사로 표현한다.

이러한 관용 표현은 그래서 그 나라의 언어를 제대로 배웠는지 알아보는 척도가 되기도 한다. 한 언어의 관용 표현까지 익히려면 그 나라의 문화와 관습까지 체득해야만 올바르게 이해할 수 있기 때문이다. 그래서 다른 나라의 언어를 배우기란 결코 녹록지 않은 것이다. 말 속에 생활이 묻어 있고, 그들의 생각이 녹아 있으니, 이를 짧은 시간에 터득하려는 욕심은 어쩌면 과욕에 지나지 않을까.

관용 표현은 일반적인 형식이나 문법을 초월한다는 특징을 지닌다. 따라서 원칙을 중심으로 따져서는 안 되며, 있는 그대로 형식을 존중하고 외우거나 숙지하는 것만이 필요하다.

44

음식명 중에 흔히 혼동되는 표현들

최근 맛집이나 조리법(일명 레시피)에 대한 사회적 반향이 굉장하다. 텔레비전이나 신문, 잡지 등 대중 언론매체가 음식문화 소개의 각축장이 된지 오래다.

그러나 소개의 화면이나 글을 볼 때 눈살을 찌푸리는 일이 종종 있다. 맛있는 음식을 소개하는 화면에 맞춤법이 틀려서 나온 경우가 있기 때문이다.

흔히 틀리게 쓰는 경우를 들면 다음과 같다.

◈ 틀린 표현 : 올바른 표현

- 육계장 : 육개장
- 닭도리탕 : 닭볶음탕
- 만두국 : 만둣국
- 아나고구이 : 붕장어구이
- 아구찜 : 아귀찜
- 도리뱅뱅이 : (표준어 없음)
- 설농탕 : 설렁탕
- 소고기무국 : 쇠고기뭇국
- 찌게 : 찌개
- 쭈구미볶음 : 주꾸미볶음
- 꼼장어구이 : 먹장어구이
- 삼숙이탕 : 삼세기탕[12]

12) 강원도 동해안 음식. 삼세기는 삼세깃과의 바닷물고기로, 쑤기미와 비슷한데 몸은 우둘투둘하며, 짙

- 올갱이국 : 다슬깃국
- 우여회 : 웅어회(금강변)
- 간제미(강게미, 가부리)회 : 가오리회

맞춤법에 너무 연연하여 틀린 표현을 보면 바로 지적을 해야만 직성이 풀리는 '맞춤법 증후군'이 있다. 필자도 그 증세가 심한 사람 중에 한 사람인 듯하다. 지나가다가 스치는 간판이 잘못되게 표현된 경우만 보아도, 영 뒷맛이 개운하지 않고 찜찜하다. 뭐 그렇다고 필자는 100% 올바른 표현을 쓰는 건 아니다. 그러나 최대한 올바른 표현을 지키고자 노력하는 셈이다.

어떤 음식점에 단골로 한때 다닌 적이 있다. 김치찌개와 육개장, 닭볶음탕을 아주 맛깔스럽게 하는 집이었다. 집에서 먹지 못한 상황이면 으레 그 음식점을 찾아 민생고를 해결했었다. 식당 한쪽 벽에 차림표를 전지 크기로 설치해 놓고, 음식점 바깥에서 보면 유리창에 색 비닐지로 음식명을 맞춤법에 잘 맞춰 새겨 놓았었다.

그러던 어느 날, 음식점이 새로 개장한 것처럼 말쑥해졌다. 식당 안에 페인트칠을 새로 하고, 차림표도 새것으로 갈았으며, 바깥에 새긴 음식명도 원색의 빛깔로 새 단장을 해놓았다. 그런데, 아뿔싸! 새로 해놓은 음식명이 예전과는 다르게 모두 맞춤법을 벗어나고 있었다. '김치찌게, 육계장, 닭도리탕'이라고.

이에 맞춤법 증후군 환자인 필자는 망설임 없이 가게 주인에게 음식명이 잘못되었음을 지적하였다. 그때 주인장께서 하시는 말씀,

"지가 뭐 아남유우. 기냥 간판집에 해서 달아준께 그대로 헌 건디."

은 녹색 또는 녹색이고 옆구리에 검은 갈색의 가로띠가 있으며, 등지느러미의 가시가 연하다.

나도 어지간한 성격인지라, 그 이후로 영 음식 맛이 당기지 않고 입맛이 뚝 떨어졌다. 그 이후로는 그 식당에 가지 않았으니. 지금 생각하면 참 우습다. 그 주인장 잘못도 아닌데 그렇게까지 고집을 피울 필요야…….

45

'사랑'의 고어는 괴옴, 다솜 등이었다

'사랑'은 인류가 가진 말 중에서 가장 고결하고 숭고한 말이 아닐까 한다. 이것 때문에 울고 웃고 심지어 죽음도 선택하니 말이다. 최근에는 사랑이 개념이 굉장히 폭넓어져서, 그 속에 '존경, 좋아함, 우러름, 아낌' 등의 의미도 내포한다. 그래서 흔히 선생님을 사랑하고 부모님을 사랑한다. 이토록 의미의 폭이 넓게 확장하는 것을 보면 우리 사회가 긍정적인 쪽으로 방향을 돌리는 것처럼 보이기도 하지만, 다른 한편에서 생각해보면, 오죽하면 정이 없어 이곳저곳 아무데나 사랑을 붙일까 하는 씁쓸함도 느낀다.

그러나 지금의 '사랑'이라는 단어는 조선시대까지만 하여도 '생각하다'의 의미로 더 많이 사용하였으며, 당시에 사랑이라는 말은 '괴옴, 다솜'으로 쓰였다. 이에 대해 좀 더 자세히 알아보자.

16세기와 18세기 문헌에는 사랑의 의미로 '괴옴, 괴임' 등이 쓰였다.

【괴옴/괴임】

- 그스기 고온양ᄒᆞ야 괴오ᄆᆞᆯ 取ᄒᆞᄂᆞ니 : 陰媚取寵(구감언해(1569년)下51)

- 인군 괴임을 바라지 아니ᄒᆞ고 : 寵(여사서언해(1736년) 3:2)

또한 15세기 문헌부터 사랑의 의미로 'ᄃᆞᆽ옴, ᄃᆞᄉᆞᆷ, ᄃᆞᇫ옴' 등이 나타난다.

【ᄃᆞᆽ옴/ᄃᆞᄉᆞᆷ/ᄃᆞᇫ옴】

- 아쳐롬과 ᄃᆞᆽ옴과 恭敬과 믜욤과(원각경언해(1465년) 上二之二 148)
- 욤과 ᄃᆞᄉᆞᆷ과ᄅᆞᆯ 니르와다 : 起憎愛(원각경언해 下一之二19)

사랑이라는 두 단어 '괴옴'과 '다솜'이 어떤 이유에서 소멸의 길을 걸었는지 모르나, 지금까지 살아남아 있다면 참 재미있을 듯하다.

화려하게 실내가 꾸며진 어느 경양식점에서 근사한 양식을 먹으며 청혼을 하는 총각이 미래의 아내에게 의미심장하게 하는 말,

"당신을 괴옴합니다."
"당신을 다솜합니다."

하기야 어쩌면 우리가 '사랑'이라는 말에 익숙해서 위의 상황에 사용한 문장이 어색할지는 모르겠다. 그러나 '사랑'이라는 말의 'ㅅ'이 주는 청량감, 'ㄹ'과 'ㅇ'이 주는 부드러움과 원만함 등을 '괴옴'과 '다솜'이 대체할 수 있을까? '괴옴'이라는 말의 어감은 제쳐두고라도, 딱딱한 입천장에서 나는 'ㄷ'과 잇몸 사이에서 나는 'ㅅ'이 결합한 '다솜'이라는 말도 부드러운 'ㅁ'의 합세로 발음에 유려함을 주지만, '사랑'이라는 말의 청량감과 신선함과 부드러움에 비할 바가 아니다.(무릇 이 생각은 필자 자신만의 생각일 수도 있겠다.)

'사랑'이라는 말 때문에 우리의 애정은 더더욱 소중하고, 사랑을 상대방에게 표현하거나 받았을 때, 우리는 더할 나위 없이 행복하다.[13] 아무리 힘들고 어려울 때에도 이 말 한 마디는 큰 힘이 되고 용기를 안겨 준다. 말의 위력에 대해 우리는 가끔씩 느낀다. 얼마 전 2016 브라질 리우 올림픽 펜싱경기 결승전에서 전혀 불가능할 것 같았던 상황에서도 박상영 선수가 '할 수 있다.'는 말을 되뇌며 금메달을 따는 순간을 목격하지 않았는가? 이처럼 말의 위력이 참으로 크다. 사랑이라는 말은 남발하며 살았으면 한다. 너무 가볍게 느껴지거나 진정성 없이 보일까도 모르겠다. 그러나 표현하지 않고 묵묵부답인 것보다야 백 번 낫지 않을까?

13) <2009 아름다운 한글 설문조사 보고서>에 따르면, 우리 국민이 가장 좋아하는 단어는 사랑과 관련된 단어(사랑, 사랑합니다, 너를 사랑해 등)가 14.6%로 가장 높았고, 그 다음으로 고마움을 표현하는 말, 행복을 표현하는 말, 인사말, 지칭하는 말, 좋아함을 표현하는 말, 믿음을 표현하는 말, 긍정의 말, 아름다움을 표현하는 말 등의 순이었다.
또한 '가장 좋아하는 우리말 단어'도 '사랑'이 19.3%로 가장 높았고, '가장 아름다운 우리말 단어'도 '사랑'이 21.9%로 가장 높았다.

46

'여보'라는 말은

내 인생의 동반자요, 가장 친한 친구요, 상담자요, 보호자인 사람은 누굴까? 다름 아닌 바로 배우자이다. 우리는 이 배우자를 일컬어 '여보, 자기, 임자, 당신, ○○엄마, 이름, 하니, 별명' 등으로 부부의 취향에 맞게 부른다. 그 중 가장 대중적으로 쓰고, 흔히 접하는 호칭은 단연 '여보'이다. 국어를 관장하는 국립국어원에서도 많은 배우자 호칭어 중에서 '여보'를 표준으로 삼고 있다.

이 '여보'의 어원은 '여기 보시오'로, 이 말의 축약이 '여보'라고 통칭 알려져 있다. 여보의 어원을 설명하는 데, 국어학자 홍윤표 교수님은 『춘향전』 중 〈여보 사또님 듣조시오.(대목 5)〉를 보면, 춘향이가 변사또에게 "여보 사또 듣조시오. 여보 사또 듣조시오. 충신(忠臣)은 불사이군(不事二君)에요, 열녀(烈女) 불경이부절(不敬二不節)을 사또는 어찌 모르시오."라는 대목을 인용하기도 하였다.

그런데 이 '여보'라는 말은 일반적으로 두 가지의 의미로 쓰인다. "여보, 주인장"처럼 어른이 가까이 있는 자기와 비슷한 또래의 사람을 부를 때 쓰는 경우와 "여보 마누라"처럼 부부 사이에 상대방을 부르는 말로 쓰는 경우가 있다. 그러니까 애초에 이 말이 탄생된 것은 첫 번째 의미, 즉 가까이 있는 또래의 사람을 부르는 데에서 시작하였을 것이다. 그러던 것이 내 삶에서 내 주위에 가장 많이 있어주고 곁을 보살피는 사람이 배우자이다 보니, 배우자를 일컫는 말까지 의미 확장이 된 것으로 보인다.

최근 들어 젊은 세대를 중심으로 애인이나 배우자를 부를 때, '여보'라고 쓰는 경우가 점점 사라지고, '자기'나 별명 등을 지어 부르는 경향이 많아지고 있다. 심지어 '하니'라고 하는 경우도 본다. 그러나 우리의 국어사전에는 '자기'란 말이 '그 사람 자신'을 일컫거나, 앞에서 이미 말하였거나 나온 바 있는 사람을 도로 가리키는 3인칭 대명사로서의 '자기'만 있을 뿐이지, 좋아하는 사람의 호칭어로 등재되어 있지는 않다. 결국 '자기'라는 말은 표준어가 아니며, 올바르지 못한 표현이라는 것이다. 또 어엿하게 이름이 있는데, 애칭으로 별명을 부르는 것도 사람에게 할 도리는 아닐 듯하다. 게다가 '하니'라는 호칭어를 들으면, 갓 쓰고 구두 신은 모양처럼 우리 한국인에게 영 어울리지 않는 모양새이다.

'여보'라는 표현이 좀 어색하고 복고풍이라 생각된다면, 차라리 '○○아버지/어머니'로 부르는 것이 더 어울리지 않을까 한다. 가장으로서의 위치를 되새기고 엄중한 책임감도 느껴지는 그런 말 아닌가.

47

은어가 되어버린 차량 관련 용어

자동차는 이제 없어서는 안 될 필수품이 되었다. 그러한 자동차의 관리 또한 우리들이 신경 써야 할 생활의 일부분이 되었다. 그런데 우리 주변의 자동차 정비업소(일명 카센터)를 가게 되면 차량 관련 용어[14]에 대해 낯선 경험을 흔히 했을 것이다. 바로 차량 관련 용어에 은어(隱語)가 발달되어 있기 때문이다. 따라서 우리가 흔히 접할 수 있는 차량 관련 은어를 제시하고 이를 정리해 보고자 한다.

1. 세루 모다 : 엔진 시동을 걸 때 쓰는 '셀프 스타트 모터(Self Start Motor)'
2. 쇼바 : 서스펜션의 부품 중 스프링의 탄성을 제어하는 '쇼크업소버(Shock Absorber)'
3. 에바 : 자동차 에어컨 부품 중의 하나로, 액화된 냉매를 증발하는 증발기인 '에바포레이터(Evaporator)'
4. 마후라 : 자동차 배기 가스 소음기인 '머플러(Muffler)'
5. 데후 : 자동차 조향장치인 '디퍼런셜 기어(Differential Gear)'

14) 2015년 10월 5일자 <시선뉴스> 이호 기자의 기사문 참조

6. 다시방 : 탑승자 앞에 놓여 있는 계기판, 제어장치, 보관함 등이 있는 공간인 '대시 보드(Dash Board)'
7. 본네트 : 엔진룸의 덮개인 '보닛(Bonnet)'
8. 백미러 : 운전석과 조수석 문에 달려 뒤를 보는 거울인 '사이드 미러(Side Mirror)'
9. 악세레다 : 자동차 가속기인 '액셀레이터(Accelerater)'
10. 잠바카바 : 밸브 커버(실린더 헤드 덮개)
11. 화케이스 : 4륜 구동차 보조변속기인 '트랜스퍼 케이스(Transfer Case)'
12. 후렌다 : 앞바퀴를 덮는 철판 부위인 '펜더(Fender Panel)'
13. 오무기어 : 조향 기어인 '스티어링 기어(Steering Gear)'
14. 시다바리 : 차량 하부
15. 후앙 : 래디에이터 냉각팬

우리나라의 자동차 산업은 1967년 12월에 설립한 현대자동차가 시초이다. 초창기에는 미국의 포드자동차와 기술계약을 맺고 시작한 것이 1976년에 이르러 이탈리아 자동차 디자인 회사인 '이탈디자인주지아로'에서 디자인한 모델 '포니'가 탄생하면서 자동차 제작이 시작되었다.

앞에서 기술한 용어를 가만히 살펴보면 일본어의 영향이 지대함을 대번에 알 수 있다. 우리나라에 최초로 도입된 자동차는 1908년 고종황제가 타고 다닌 영국제이며 1913년에 최초의 자동차 운전학원이 생기면서 운전사가 배출되고 운전과 수리 기술을 습득하였다고 한다. 당시 일제 치하 속에서 모든 용어는 영어를 일본어로 고치거나 발음하는 형태였을 것이다. 따라서 우리의 차량 관련 용어에 일본어 잔재가 많은 것은 바로 그 때문이다.

최근의 자동차 관련 학원에서는 아직도 그 흔적이 남아 일본어식

은어를 따로 배우고 있다니, 참으로 안타까울 뿐이다. 그래도 몇몇 선각자들에 의해 자동차 정비학원에서 영어로 된 원래의 명칭과 한국어로 바꾼 용어를 쓰고 있다니 그나마 다행이 아닐 수 없다. 최근의 자동차 관련 용어를 수록한 책들도 모두 영어식 본 명칭과 우리말로 되어 있다. 이제 서서히 선각자들부터 시작해 많은 분들이 우리 생활에 없어서는 안 될 필수품, 자동차 용어에도 우리말이 안착되기를 간절히 빈다.

48

건축과 관련된 은어[15]

자동차와 마찬가지로, 건축 분야에서도 일본어식 은어가 상당히 발달되어 있다. 다음을 보자.

1. 가꾸목 : 각목
2. 가네고오바이 : 45도 경사
3. 가께야 : 목재 해머
4. 가꾸자이 : 각재
5. 가다 : 틀, 본
6. 가라 : 무늬
7. 가이당 : 계단
8. 가이료공구리 : 경량 콘크리트
9. 겐나와 : 줄자
10. 간나 : 대패
11. 게다 : 도리
12. 고구찌 : 마구리
13. 고야바리 : 지붕보

15) http://m.blog.naver.com/ptwh1/220460537963의 내용을 참고함

14. 구루이 : 변형, 뒤틀림
15. 구사비 : 쐐기
16. 기도리 : 마름질
17. 기레빠시 : 균열
18. 기소 : 기초
19. 기즈 : 흠
20. 나나매 : 사선
21. 나리비 : 줄, 나란히
22. 나라시 : 고르기
23. 노끼 : 처마
24. 노미 : 끝, 정
25. 다데 : 세로
26. 다루까 : 서까래, 연목
27. 데꼬 : 높이, 상단
28. 덴쵸오 : 천장
29. 데꼬보꼬 : 요철
30. 데모도 : 조공, 조력공
31. 덴바 : 윗면
32. 루베 : 입방미터(m^3)
33. 마도 : 창
34. 마가네 : 직각
35. 모꾸메 : 나뭇결
36. 문와꾸 : 문틀
37. 봉후쇼리 : 방부 처리
38. 빠데 : 퍼티
39. 샤꾸리 : 홈파기

40. 스끼마 : 틈새
41. 시마이 : 마감
42. 야스리 : 줄
43. 오야 : 우두머리
44. 오오바리 : 대들보
45. 오비노꼬 : 줄톱
46. 오오가네 : 큰 직각자
47. 우마 : 발판
48. 하바끼 : 걸레받이
49. 하라끼 : 여닫이
50. 함바 : (공사 현장) 식당

이 외에도 참으로 많은 일본어 잔재의 은어가 있으나, 사용 빈도수를 고려하여 제시한 것들이다.

외래어를 우리말로 대체할 때 음절수가 최소한 같거나 더 적어야 하고, 발음상 부드럽거나 어감이 좋은 것을 취하는 것이 통상 일반적이다. 건축에 관련된 일본어 은어도 그렇다. 굳이 한 · 일간의 만족적 감정은 차치하더라도, 대체할 우리말에 좋은 것이 있는데도 불구하고 업무의 특성상 쓴다는 것은 납득하기 어렵다. 위에 제시한 건축 관련 은어들은 우리말로 대체했을 때 잃는 것보다 얻는 것이 더 많다고 보인다. 따라서 건축 현장에서도 우리말로 대체하여 사용하려는 자정작용이 있어야 할 것이며, 건축 관련 교육기관에서도 끊임없이 계도해야 할 것이다.

49

회사나 상품명이 일반 명사가 되기도

다음은 회사나 상품명이 언중들에게 고정화되면서 일반 명사로 인식되는 경우의 단어들이다.

- 메리야스 : 에스파냐 어 Medias에서 유래된 말이며, 면사나 모사로 신축성이 있고 촘촘하게 짠 천. 속옷, 장갑 따위를 만드는 데에 쓰는 재료를 원래 뜻함. 그런데 실제로 언중들은 속옷 중 윗옷을 뜻하는 의미로 흔히 씀.
- 블루스타(Bluestar) : 휴대용 가스레인지. 처음 만든 회사의 상품명.
- 아스피린(Aspirin) : 해열제의 하나. '아세틸살리실산'의 상품명.
- 호치키스(Hotchkiss) : 'ㄷ' 자 모양으로 생긴 철사 침(針)을 사용하여 서류 따위를 철하는 도구. 미국의 상표명.
- 바세린(Vaseline) : 로버트 체스브로가 1870년에 설립한 미국의 스킨케어 브랜드로 상품명.
- 나일론(Nylon) : 폴리아마이드 계열의 합성 섬유. 가볍고 부드럽고 탄력성이 강하나 습기를 빨아들이는 힘이 약하다. 의류, 어망, 낙하산, 밧줄 따위에 쓰이며, 상표명에서 나온 말.

- 바리캉 : 프랑스 어 Bariquant에서 유래한 말. 머리 미는 기계 제조사 이름이며, 제조 회사 이름에서 유래.
- 크레파스 : 일본어 Kurepasu에서 들어온 2차 외래어. 안료(顔料)를 연질유로 굳힌 막대기 모양의 칠감. 크레용과 파스텔의 특색을 따서 만든 것.
- 스카치테이프(Scotch Tape) : 접착용 셀로판테이프. 상품명에서 나온 말.
- 포클레인(Poclain) : 국내 건설현상에서 처음으로 사용되었던 프랑스 제조업체의 상품명으로, 굴착기를 이르는 말.
- 미원(한국) : 조미료 상품명.
- 퐁퐁/트리오(한국) : 주방 세제 이름.
- 제록스(Xerox) : 문서를 자동으로 복사하는 방식. 또는 그런 기계. 미국 사무용 복사기의 상품명.
- 어그(Ugg) : 호주의 양피 신발 전문 브랜드의 상품명에서 온 말.
- 락앤락(Lock&Lock) : 우리나라의 주방생활용품에서 만든 상품명.
- 초코파이(Choco Pie) : 우리나라 동양제과에서 1974년 처음 개발하여 국민 과자가 된 상품명.
- 봉고(한국) : 1981년 11월 기아자동차가 첫 개발한 승합차. 상품명
- 지프(Zeep) : 사륜구동의 소형 자동차. 미국에서 군용으로 개발한 것으로 마력이 강하여 험한 지형에서도 주행하기가 쉽다. 상품명에서 나온 말.
- 라이방(Ray Ban) : 테가 가는, 색깔이 있는 렌즈를 끼운 안경. 상품명에서 나온 말이다. 프랑스 선글라스 제조사 이름.
- 정종(正宗) : 일본의 청주 종류. 일본식으로 빚어 만든 맑은 술. 일본 상품명.
- 샤프 : 일본의 상표명으로, 가는 심을 넣고 축의 끝부분을 돌리

거나 눌러 심을 조금씩 밀어 내어 쓰게 만든 필기도구. 샤프펜슬(Sharp Pencil)에서 유래

- 프리마(미국) : 상표명. 커피 크림.
- 연습장(한국) : 줄 없는 스프링 노트의 상표명.
- 포스트잇(미국) : 3M의 상표명.
- 크리넥스(미국) : 화장지 회사명.
- 햇반(한국) : 즉석밥의 상품명.
- 콜라(Cola) : 미국의 콜라 열매에서 유래한 상품명. 콜라나무의 종자와 코카의 잎을 주원료로 사용하여 만드는 청량음료.
- 껌(미국, 일본, 한국) : 고무(Gum)를 가지고 만든 것을 일본의 발음 '고무'에서 유래하여 된 명칭.
- 화이트(미국) : 문서 수정액의 상품명.

무엇이든 최초이고 처음은 어렵다. 그래서 창조자에게 우리는 아낌없는 박수를 쳐주고 우러러보는 것이 아닌가. 창조된 사물이 큰 흥행을 이룩한다면 더 이상 말해 무엇 하랴.

상품도 그렇다. 전에 없던 아주 새로운 것, 엉뚱한 발상과 창의성에 비롯된 상품이 소비자에게 큰 반향을 불러일으키게 되면 상품의 이름까지도 일상화되면서 상품을 일컫는 말이 되는 것이다.

〈2009년 아름다운 한글 설문조사 보고서〉[16]에 따르면, '외국어로 된 상품명과 우리말로 된 상품명 중 어느 것이 더 세련되어 보이는가?'라는 질문에 국민 1,500명 중 '외국어로 된 상품명이 더 세련되다'는 응답이 60.2%, 한글의 경우는 39.8%이었다. 이를 좀 더 자세히 살펴보면,

16) 문화체육관광부가 의뢰하여 ㈜메트릭스에서 실시한 <2009 한글주간 아름다운 한글 설문조사 보고서>의 내용을 참조하였다. 조사대상은 조사일 현재 만 15세 이상에서 만 60세 미만 일반국민으로 전국 16개 광역시도에서 1,500명을 대상으로 조사했다.

외국어 상품명이 더 세련되다는 생각이 남자는 57.9%, 여자는 62.8%이었으며, 10대와 20대는 70%를 넘었고, 나이가 들수록 줄어 50대에서는 46.5%로 가장 적었다. 학력별로는 대학 재학이 68.6%, 직업별로는 학생이 69.7%로 비율이 가장 높았다. 이를 통해 볼 때, 남자보다는 여자가, 많이 배우고 젊은 층인 학생일수록 더더욱 외국어 상품명을 세련되게 인식함을 알 수 있다.

그런데, '외국어로 된 상품명과 우리말로 된 상품명 중 더 신뢰가 가는 것은?'이라는 질문에는 '한글로 된 표기'가 82.8%로 더 높았으며, 응답자 특성별로 살펴보면, 남자보다 여자가 높았고, 연령별로는 40대, 권역별로는 강원도, 학력별로는 고졸, 직업별로는 전업주부층이 가장 높은 비율을 보였다고 한다. 품질에 대한 신뢰는 우리 고유어를 더 인정하는 현상을 보여주고 있다.

'외국어로 된 상품명과 우리말로 된 상품명 중 더 친밀감이 드는 것은?'이라는 질문에는, 한글로 된 표기가 92%이었으며, 남자보다는 여자가 한글로 된 표기가 더 친밀감이 간다고 응답하였다. 그 외에 연령별로는 40대, 권역별로는 광주 · 전라도, 학력별로는 고졸, 직업별로는 전업주부층이 가장 비율이 높았다. 친밀감 또한 우리글이 월등하게 우세함을 알 수 있다.

우리는 변화의 시대에서 한 가운데 자리 잡고 있다. 그 변화 속에 버겁지만 사물과 현상의 출현도 늘 함께 한다. 새로운 말들은 계속 생겨날 것이다. 언어를 올바른 곳으로 유도하고 관리하는 기관에서도 발 빠르게 그에 대한 지칭어를 만들어야 하는 세상이다. 세상은 전광석화처럼 흐르지만, 언어를 관장하는 기관은 항상 한 박자 느릴 수밖에 없다. 국립국어원을 비롯한 언어연구기관에서 이러한 변화의 소용돌이 속에 아름답고 고운 말을 함께 병행시켜 발전시킨다면 미래의 언어 사회는 한층 더 밝아질 것이다.

50

정말 재미있는 한자어의 세계

앞서 밝힌 바와 같이 한자어도 엄연히 우리말이다. 한자어가 우리말의 50% 이상을 차지할 만큼 그 위상도 대단한 편이다.

그런데 이러한 한자어 중 재미있는 것들이 몇 가지 있다.

첫째, 현대에 와서 만들어진 한자어가 몇 개 있다. 咖(커피 가), 乒(탁구 핑) 등이 대표적인 것들이다.

둘째, 특이한 한자음들이 있다. 대표적인 몇 개를 보면 다음과 같다.

馘(벨 괵) : 馘首(괵수－목을 벰)

喫(먹을 끽) : 喫煙(끽연－담배를 피움)

倅(버금 쉬) : 倅車(쉬거－임금의 수레에 여벌로 따라가는 수레)

賸(남을 싱) : 賸馥(싱복－남은 향기)

怎(어찌 즘)

攄(펼 터)

闖(말이 문을 나오는 모양 틈)

愎(괴팍할 퍅)

滮(물 흐르는 모양 퓨)

薨(죽을 훙)

啍(느릿할 톤)

셋째, 우리나라에서 만든 한자어들이 있다. 대표적인 것들을 나열하면 다음과 같다.

畓(논 답) / 㖵(우리나라한자 갓) / 巪(사람이름 걱) / 廤(곳간 곳) / 串(곶 곶) / 鴌(성 궉) / 乫(땅이름 갈) / 乬(걸 걸) / 乭(이름 돌) / 乶(봉호[17] 볼) / 乽(봉호 잘) / 旕(땅이름 엇) / 兺(뿐 뿐) / 㖺(땅이름 욋) / 乼(줄[18] 줄) / 乺(솔[19] 솔)

대체로 우리의 생각에 한자어는 'ㄲ, ㄸ' 같은 된소리나 'ㅋ, ㅌ' 같은 거센소리 회피, 받침 사용의 한계성 등이 있으리라 하지만, 그런 생각이 잘못이었음을 느끼게 된다.

5만 자가 넘어, 그 수를 중국인들도 잘 모른다는 한자. 우리나라에서도 그 많은 한자 중 꼭 우리말 사용에 유용한 한자를 골라 실용한자 ○,○○○자 등을 제시하고, 무려 8개 기관에서 한자능력검정시험을 시행하고 있다.

주로 한국어문회 주관의 한자능력검정시험을 가장 공신력 있게 인정하고, 그 다음으로 한자자격검정(한자교육진흥회), 한자급수자격검정(대한검정회) 등의 순으로 각 기관에서 인정하는 편이다.

한국어문회 주관 한자능력검정에서 제시하는 실용한자의 숫자를 제시하면, 8급(50자), 7급(150자), 6급(300자), 5급(500자), 4급(1,000자),

17) 봉호(封號)란 '왕이 봉하여 내려 준 호'를 일컫는다.

18) 줄은 새끼, 노끈, 철사 등과 같이 매거나 동이거나 할 수 있는 긴 물건을 이른다.

19) 솔은 먼지 찌는 도구를 이른다.

3급(1,817자), 2급(2,355자), 1급(3,500자), 특급(5,978자) 등인데, 통상 각 단체나 기관에서 3급 정도를 인정함을 보면 한자를 사용함에 있어 1,800여 자 정도면 큰 불편이 없을 것이다.

51 우리나라의 꽃말들[20]

우리 인간들은 미추(美醜)의 세계에 살면서, 아름다운 것에는 한없는 찬탄과 칭송을 아끼지 않지만, 추한 것에는 직설 화법을 회피하고 완곡한 어법을 사용한다. 더욱이 아름다움의 상징이라 할 수 있는 '꽃'에게는 더 말해서 무엇 하겠는가.

동서양을 막론하고 이 '꽃'에는 꽃말이라는 것을 주었다. 인간이 중심인 세상에서 한없는 아름다움이라는 배경을 안겨주는 존재인 '꽃'에게 어쩌면 새로운 의미를 안겨준 '꽃말'은 당연지사일까도 모르겠다.

그러면 우리나라의 꽃말들은 어떤 뜻을 지니고 있을까?

첫째. 예로부터 꽃에 덕성의 의미를 부여하였다. 군자, 절개, 충, 효 등이 바로 그것이다. 이른바 사군자로 일컫는 매화, 난초, 국화, 대나무 등이 그렇고, 연꽃 또한 성인군자를 꽃말로 지닌다.

둘째. 개인의 욕망이나 가문의 번영을 의미하기도 한다. '장수, 다산, 복, 부귀, 출세' 등의 의미를 지닌다는 뜻이다. 복사꽃과 국화는 장수, 민들레와 석류꽃은 다산, 살구꽃은 합격, 여뀌꽃은 졸업, 맨드라미는 승진, 파초는 고위직 등을 꽃말로 지닌다.

20) 꽃말의 출처는 '이상희(2004), 꽃으로 보는 한국문화 I, 넥서스북스, 64~65쪽'을 참조하였다.

셋째, 인격이나 사회적 지위, 신분 등을 뜻하기도 한다. 접시꽃(무당), 해바라기(충신), 회화나무 꽃(학자), 해당화(기생), 패랭이꽃(소년), 복사꽃(한량) 등이 그것이다.

이상희(2004:65)는 우리 문학 작품에서 꽃말을 연결하여 지은 시조로 김수장의 시조 한 편을 제시한다.

> 모란은 화중왕(花中王)이오 향일화(向日花)는 충신이로다.
>
> 연화는 군자ㅣ오 행화(杏花) 소인(小人)이라 국화 은일사(隱逸士)요 매화 한사(寒士)로다. 박곳츤 노인(老人)ㅣ오 석죽화는 소년이라 규화(葵花) 무당이오 해당화는 창기(娼妓)로다.
>
> 이 듕에 이화(梨花) 시객(詩客)이오 홍도 벽도 삼색도는 풍류랑(風流郞)인가 ᄒᆞ노라.

우리 선조들은 꽃에도 하나하나 의미를 두고, 거기에 따라 닮아가려고 하고 모방하려는 심리가 있었다. 꽃말 속에도 우리의 얼이 있다. 아름다운 우리말에 예쁜 꽃이 대응하는 것은 너무 잘 어울리는 한 쌍 아닌가? 많은 꽃들이 우리말을 더욱 곱게 만들고, 우리말도 꽃을 가장 예쁘게 표현할 수 있는 매개체가 되길 빈다.

52

태풍의 이름에 쓰인 순우리말

해마다 한두 차례 한반도를 강타하는 태풍은 결코 반가운 손님은 아니다. 그런데, 그 태풍[21]의 이름에 순우리말이 간혹 등장한다. 어떻게 된 것일까?

태풍에 이름을 처음 붙인 것은 호주 예보관으로, 싫거나 증오하는 정치인의 이름을 붙인 것에서 비롯되었다고 한다. 이러던 것이 공식적으로 세계 제2차 대전 이후 미 공군과 해군에서 이름을 붙이면서 시작되었다. 처음에 이들은 사랑하는 아내나 여자 친구의 이름을 사용하였다고 한다.

2000년부터 모든 태풍에 태풍 영향권이 있는 회원국의 고유 언어로 만든 이름을 10개씩 번갈아 쓰기로 결정하였다. 이에 따라 우리나라를 비롯해 북한, 미국, 중국, 일본, 라오스, 마카오, 미크로네시아, 태국, 말레이시아, 캄보디아, 홍콩, 필리핀, 베트남 등 14개국에서 10개씩 제출한 총 140개의 이름을 세계기상기구(WMO)에서 태풍의 명칭으로 공식 부여하고 있다. 따라서 우리말은 남북한이 합쳐 총 20개가 있는 것이다. 이 140개 태풍 이름은 다시 28개씩 5개조로 나누어 국가명 알파벳 순서에 따라 차례로 붙여지며, 140개를 모두 사용하면 1번부터

21) 국가태풍센터(typ.kma.go.kr)의 홈페이지에 게시된 내용을 참고하였다.

다시 사용한다. 일반적으로 태풍은 1년에 30여 차례 발생하는데, 140개의 이름이 다 사용하려면 4년 내지 5년이 소요된다고 한다.

우리나라에서 제안한 이름은 개미, 제비, 나리, 너구리, 장미, 고니, 수달, 메기, 노루, 나비 등이고, 북한 쪽에서는 기러기, 소나무, 도라지, 버들, 갈매기, 봉선화, 매미, 민들레, 메아리, 날개 등이다. 그 이름을 살펴보면 대체로 순한 동식물명인데, 이는 큰 피해 없이 조용히 지나가라는 바람에서 비롯된 것이다.

그런데 태풍이 큰 피해를 끼친 경우에는 해당 이름을 폐기시키고 다른 이름으로 대체되기도 한다. 2002년에 봉선화가 노을로, 2003년은 매미가 무지개로, 2004년 수달은 미리내로, 2005년은 나비가 독수리로, 2013년 소나무는 종다리로 각각 대체되었다.

매년 개최되는 태풍위원회 총회에서는 그 해 막대한 피해를 입힌 태풍의 경우, 앞으로 그와 비슷한 피해가 없도록 그 태풍의 이름을 퇴출한다. 또한 피해를 많이 주지 않았더라도 더 이상 현재 태풍의 이름을 사용할 수 없다고 판단하면 새로운 태풍 이름으로 대체한다. 태풍 이름의 변경은 그 이름을 제출한 나라에서 결정해 제출한다.

여기서 한 가지 재미있는 생각을 해본다. 과연 필자가 태풍의 이름을 제시한다면 어떤 것을 제시할까?

꽃 이름이나 물고기 이름으로 짓고 싶다. 꽃 이름은 패랭이, 은방울, 원추리, 유채, 살살울, 개나리, 진달래, 모란, 이팝, 구절초 등으로, 물고기 이름은 버들치, 갈견이, 망둥이, 사루기, 미유기, 별복, 옥돔, 참마자, 어름치, 쉬리 등이다.

53

ㄹ이 탈락한 우리말들

'소나무'처럼, 우리말에는 두 단어가 합성하면서 ㄹ이 탈락하는 경우가 있다. 이를 국어학의 전문용어로는 'ㄹ 탈락 합성어'라 한다.

1988년 고시한 〈한글맞춤법〉 제4장 제28항에도 '끝소리가 ㄹ인 말이 어울릴 적에 ㄹ소리가 나지 아니하는 것은 아니 나는 대로 적는다.'로 제시하고 있다.

이러한 'ㄹ 탈락 합성어'는 대체로 혀끝에서 나는 자음인 'ㄴ, ㄷ, ㅅ, ㅈ' 앞에서 탈락하는 경우가 많다.

1. 'ㄴ' 앞에서

가으내, 겨우내, 며느님, 따님, 아드님, 하느님, 무논, 주낙, 부넘기, 부나비, 부나방, 소나무

2. 'ㄷ' 앞에서

부동, 부득이, 부단, 부도, 미닫이, 여닫이, 마되, 다달이, 차돌

3. 'ㅅ' 앞에서

겨우살이, 더부살이, 부싯돌, 무수리, 부실, 부산처, 부삽, 부손, 마소, 화살

4. 'ㅈ' 앞에서

부지수, 부지불각, 부지불식, 부지세월, 부지중, 부적, 부정, 부조리, 부족, 부진, 부자연, 부재, 부주의, 부집게, 부지깽이, 부젓가락, 무자위, 차조, 싸전, 바느질

이렇게 탈락하는 현상에 대해 필자의 연구에 의하면 어떤 규칙성을 발견할 수 없다. 다만 조음 위치나 유성음(자음 ㄴ, ㄹ, ㅁ, ㅇ과 모든 모음)의 자질이 같아서 오는 경우가 있고, 명사(名詞)와 관련된 결합에서 흔히 나타난다는 것만 느낄 뿐이다. 또한 역사적으로 15세기와 16세기, 19세기에 이러한 현상이 많이 나타났는데, 당시의 언중의 언어생활과도 관련이 있어 보인다.

이 현상 또한 넓게는 우리의 오랜 전통과 관습 속에서 자연스럽게 녹아 내려온 것으로 보인다. 발음을 좀 더 편리하고 자연스러우면서 부드럽게 하려는 생각에서 비롯된 것이다. 이럴 때 우리는 달리 방법이 없다. 이렇게 관습 속에 만들어진 현상은 이유 없이 무조건 외우는 수밖에.

54

대중가요에 나타나는 우리말들

대중가요는 오랜 기간 서민들과 함께 하며 삶의 애환을 담아내기도 하고 위로해 주었던, 큰 힘이었다. 그런 이유로 대중들 속에 항상 가요는 함께 하였다.

그런데 요즘 대중가요에서 나타나는 우리말의 모습은 과연 어떠한가? 그룹별로 구성된 가수들의 최신형 음악뿐만 아니라, 복고풍도 유행하면서 과거의 노래가 새로운 주목을 받는 요즘, 과거의 애창곡 속의 여러 가사들이 잘못 사용된 경우가 많다.

송창식의 노래 '맨 처음 고백' 중 '눈치만 살피다가 한 달 두 달 세 달'은 '석 달', 노사연의 '님 그림자'는 '임 그림자'로 써야 올바르며, 김추자의 '님은 먼 곳에', 양희은의 '내 님의 사랑'의 '님'도 모두 '임'의 잘못된 표현이다.

2011년 『은어(隱語)와 우리말의 세계』(글누림)라는 책을 내면서 1950~90년대 인기를 얻은 대중가요 999곡을 대상으로 우리말 오용 실태를 분석한 적이 있다.

가장 오용이 많은 경우로 '님'(112곡)이 꼽혔다. 그 다음으로는 김건모의 '핑계' 중 '니가 지금 나라면 넌 웃을 수 있니'처럼 '네'의 잘못된 표현인 '니'도 숱한 노래에서 그대로 쓰고 있다. 이 경우는 내(余)와 네(汝)의 발음을 뚜렷이 하려는 심리가 더해진 결과이다.

이 외에도 '초생달'(옳은 표기는 초승달) '조개껍질'(조개껍데기) '-예요'(에요) 등도 자주 틀리는 표현들이다. 또한 노랫말에 흔히 등장하는 뜸북새와 으악새도 각각 '뜸부기'와 '억새'의 방언이다. 또한 사이시옷 오용의 실태도 많아, 최희준의 '하숙생'에 나오는 '인생은 나그네길' 역시 '나그넷길'이라야 맞다.

대중가요 노랫말 중에는 리듬감이나 음표와의 조응을 위해 조음소의 역할을 하는 모음 '-아-, -으-' 등을 의도적으로 삽입하여 맞춤법을 벗어난 경우도 있는데, 다음의 경우가 그러한 것들이다.

목포의 눈물/이난영 – 부두의 새악시 아롱 젖은 옷자락

박달재 사연/박재란 – 곱게 웃던 검은 머리 새악시

우리 애인은 올드 미스/최희준 – 강짜 새암이 이만 저만

산 너머 남촌에는/박재란 – 밀 익은 오월이면 보리 내음새

대중가요 노랫말의 힘이란 참으로 위대하다. 새로운 어휘를 전파해 주기도 하고 아름다운 고유어를 살려내기도 한다. 그렇다고 장점만 있는 것은 아니다. 작사가 한 사람의 실수로 수많은 대중이 잘못된 언어 표현을 어떠한 장애도 없이 그저 수용할 수 있다는 것이다. 특히 어떤 노래가 대단한 인기를 얻었을 때 그 파장은 상상도 못할 정도이다.

대중가요 노랫말의 오용 현상에 대해 이제는 방관하거나 무관심할 때가 아니라고 본다. 따라서 우선 대중가요의 작사가나 가수들은 우리 언어 사회를 짊어지고 나간다는 소명(疏明) 의식을 가져야 할 것이다. 이들의 손과 입에서 언중들의 언어는 좌지우지되기도 하는 것이 오늘의 현실이다. 그러므로 심사숙고한 자세로 노랫말을 만들고 불러야 할 것이며, 언중들도 비판적 안목으로 노랫말을 대하여야 할 것이다. 또한 잘못된 노랫말은 과감하게 올바른 표현으로 고쳐서 사용하거나

최소한 인식할 수 있도록 하여야 할 것이다.

아울러 대중가요의 노랫말 오용이 시정되기 위해서는 저작권협회의 맞춤법 심사가 반드시 있어야 한다고 본다. 우리의 대중가요 등록 절차는 작곡가와 작사가가 만든 노래를 편곡하여 가수가 열심히 가창 연습을 한 후 녹음하고, 음반을 생산한다. 그런 후에 저작권협회에 CD 2장과 서류만 제출하면 완료된다. 저작권협회에서는 노랫말이나 곡이 사회 분위기를 크게 위해하지 않는다면 대체로 승인하는 상황이다. 이런 상황에서 노랫말 자체의 맞춤법에 대해 심도 있는 검토가 이루어지지 않고 있다. 심지어 우리말의 오용을 오히려 부채질하고 남발하며 방치한다. 따라서 대중가요를 승인할 때, 이에 대한 엄격한 검토과정이 전제된다면, 작사가는 노래의 흐름에 큰 지장이 없는 한, 올바른 표현들을 쓰리라 믿는다. 앞으로 이에 대해 저작권협회 측과 언중들의 각성이 무엇보다 요구되는 것이다.

55

남북한의 한글날이 다르다?[22]

우리 남한은 1446년 음력 9월 10일, 훈민정음 반포일을 기준으로 삼아 매년 10월 9일을 한글날로 기념합니다. 훈민정음 해례본에 9월 상순이라는 기록이 있기 때문이죠.

그런데 북한은 한글날을 '조선글날'이라 하여 1월 15일을 기념일로 삼습니다. 기준을 훈민정음 반포일이 아닌, 창제일로 삼았기 때문이죠. 객관적으로 어떤 날을 기념일로 삼아야 할지 고민되지만, 날짜야 뭐 어떻습니까? (필자는 그래도 반포일이 더 옳을 듯합니다. 시험을 통해 검증을 거쳐 발표한 날이 진정한 기념일이 아닐까 생각합니다.)

한글날은 역사적으로 일화가 많습니다. 한글날을 처음에는 1926년, 조선어학회에서 조선왕조실록의 기록을 근거로 훈민정음 반포일인 음력 9월 29일을 한글날의 전신인 '가갸날'로 정했습니다. 그러니까 당시에는 한글날이 아니라, 가갸날이었던 것입니다.

하지만 음력에 맞춰다보니 매년 날짜가 달라지고 불편하다는 지적이 나오자, 조선어학회는 1934년에 훈민정음 반포일을 양력으로 환산하여 10월 28일로 고정시켰답니다.

---

22) 이 주제는 문장의 끝을 '하십시오체'로 일부러 씁니다. 글의 내용을 구어식으로 정리하고픈 필자의 생각 때문입니다.

그런데 1940년 경북 안동에서 훈민정음 해례본이 발견되면서, 훈민정음 반포일이 음력 9월 29일이 아니라 9월 10일인 것으로 밝혀졌습니다. 이에 따라 한글날은 음력 9월 10일을 양력으로 전환한 10월 9일로 바뀌게 되었답니다.

한글날은 한때 공휴일이 너무 많다는 이유로 기념일로만 삼았다가 2006년 국경일로 격상되었고, 2013년에 다시 법정 공휴일로 지위를 되찾았습니다.

56

이제는 문해능력이다

우리나라는 전통적으로 부모들이 굶더라도 자식의 앞날을 위해 공부만은 반드시 시켜야한다는 생각이 팽배하기 때문에 교육열 하나는 가히 세계의 부러움을 살 정도이다. 미국 대통령이 우리의 교육열을 언급할 정도이니, 할 말 다한 셈이다. 이에 따라 우리나라의 문맹률은 세계 최저 수준이다. 게다가 한글은 배우기가 쉽고, 부단한 자기 개발 등이 맞물렸으니, 더 말할 나위 없다.

그러나 문장을 제대로 이해하는 능력인 문해 능력의 비율, 즉 문해율은 세계 69위이니 깜짝 놀랄 만한 일이다. 글을 읽을 줄 알지만, 이해를 못한다는 말인데…….

2013년 CIA 월드 팩트북의 조사에 따르면, 이스라엘 97.1%, 싱가포르 95.9%, 중국 95.1%보다는 높지만 우리나라는 97.9%로 세계의 대다수 선진국에 비해 낮으며, OECD국에서도 하위권인 69위이다. 월드 팩트북이 제시한 문해율은 '특정 나이대의 사람들이 읽고 쓸 줄 아는 능력'이라는 일반적인 정의에 기초하며, 개별 국가의 문해율 평가 기준 난이도도 각각 다르다고 하지만, 우리나라의 결과는 결코 간과할 수 없는 현상이다.

우리나라 기관에서도 이에 대한 심각성을 인지하고 뒤늦게 문해율에 대하여 두 차례에 걸쳐 조사한 바가 있다.

2012년 한국직업능력개발원에서 성인의 언어능력을 측정하였는데, 이른바 『한국인의 역량, 학습과 일』이라는 보고서에 따르면, 한국인 16세에서 64세까지의 언어능력이 OECD 국가 중에서 겨우 평균 수준이라는 분석을 내놓았다.

또 2014년 국가평생교육진흥원 국가문해교육센터의 『2014년 성인 문해 능력 조사』 결과에 따르면, 18세 이상 인구 중 생활에 필요한 읽기, 쓰기, 셈하기가 불가능한 인구는 264만 명으로 추정하였고, 생활 활용이 미흡한 수준도 248만 명에 이른다고 한다.

결국, 우리나라 언중들은 문자를 읽을 수 있는 능력은 있지만, 그를 이해하는 능력이 부족하다는 것이다.

이러한 결과의 원인은 무엇일까? 우리 사회에 팽배한 현학적 문장 표현 능력이 가장 큰 이유가 아닐까 한다. 우리가 흔하게 실생활에서 접할 수 있는 의약품 설명서, 각 공공기관의 공문, 신문을 비롯한 각종 언론매체의 보도문 등이 사실은 이해하기 쉽지 않고 되묻거나 각종 사전 등을 찾아 참고해야만 이해를 할 수 있기 때문이라 본다. 각종 전문용어나 특정어는 그 직업과 관련이 있거나 연구하는 자들에게는 도움이 될지언정, 일반 언중들에게는 결코 바람직하지 않다. 좋은 글은 이해하기 쉬운 글이다. 전달하려는 의미가 상대방에 전해지지 않는다면, 모든 것이 무용지물일 뿐이다. 따라서 지식인을 비롯하여 교육자, 공무원, 언론인 등이 모두 하나 되어 쉬운 문장, 이해하기 좋은 글을 써야 함을 마음속에 깊이 명심해야 할 것이다.

또한 초등학생부터 문장이해교육을 강조할 필요가 있다. 이때 그 습관이 잘 형성되어 기초를 쌓아둔다면 '세 살 버릇 여든까지 간다.'는 말처럼, 나이가 들어서도 어렵지 않게 문장을 이해할 수 있으리라 생각한다. 빨리 읽는 것보다 정확하게 읽는 방법을 어릴 때 배우고 서서히 성장하면서 빠르게 읽고 이해할 수 있도록 지도해야 할 것이다. 우리에게 실생활을 하면서 필요한 것은 빠르게 가는 것보다 올바르게 가는 것이기 때문이다.

57

사라진 많은 단어들

시대가 지나면 생명도 끝이 있듯, 언어도 생성하여 성장도 하고 때에 따라 사멸하기도 한다. 우리말도 이러한 역사적 변천을 거치면서 수많은 말들이 생겨나고 또 사라지고 있다. 그 중 사라진 단어도 그 수를 헤아리기 힘들 정도이다. 그 많은 단어들 중에서 '가'로 시작하는 특별한 것들 몇 개를 제시해도 다음과 같이 많이 있다.

1. 가각하다 : 급하다.
2. 가령가령하다 : 깨끗하고 곱다.
3. 가림길 : 갈림길
4. 가마괴 : 까마귀
5. 가볼오다 : 까부르다.
6. 가홀오다 : 거우르다(속에 든 것이 쏟아지도록 기울이다.)
7. 가즐비다 : 비교하다.
8. 간답다 : 시원하다.
9. 간대다 : 미혹하다.
10. 간대롭다 : 망령스럽다.
11. 간ᄎᆞ랍다 : 간솔(簡率)하다.(단순하고 솔직하다.)
12. 감믈다 : 입을 꼭 다물다.

13. 갓시 : 부부
14. 갓얼이다 : 장가를 들이다.

이상의 사라진 단어 말고도 우리에게 널리 알려진 단어들도 많다.

1. 즈믄 : 천(千)
2. 온 : 백(百)
3. 바랗 : 바다
4. 미리내 : 은하수
5. 가람 : 강(江)
6. 뫼 : 산(山)
7. 찬솔 : 알차게 잘 자란 소나무
8. 한 : 대(大)

최근에는 이렇게 사라진 단어들을 되살리는 노력이 나타나 신선한 충격을 주기도 한다. 어느 날 충남 논산(論山)을 지나다, '놀뫼'라는 과거형을 되살려 축제 용어나 거리의 간판에 쓰는 것을 본 적이 있다. 대전(大田)을 '한밭'으로, 대천(大川)을 '한내'로, 광주(光州)를 '빛고을'로 쓰는 경우와 같이, 특히 지명을 되살리는 노력이 여기저기서 나타나고 있으니 반가울 따름이다. 아울러 상표명이나 상호명도 과거의 사라진 단어들을 이용해 '미리내, 가람' 등을 사용하는 빈도수가 점점 늘고 있는 추세이다.

이러한 현상은 외래어나 한자어를 회피하고 우리의 고유어를 살리려는 노력과는 또 다른 양상으로 해석할 필요가 있다. 과거의 역사를 되살리고 그에 따라 생활하고픈 언중의 의식을 간접적으로 드러내는 일일 것이다.

단어도 사라진다는 것. 인생이 무상한 것도 속상한데, 추상적인 기호 체계인 글자마저도 없어진다니, 참 재미있는 세상이다. 세상 이치가 시작과 끝이 있고, 탄생과 소멸이 있는 유한성 때문에 오히려 우리의 문화는 유한성이라는 한계를 극복하고자 끊임없이 발전하고 변화하는 것이 아닐까 한다. 지금 이 순간도 시간은 흐른다. 그 흐름 속에 변화의 주체로 서지 못하고 그 회오리 속에서만 몸을 내맡긴다면 인생에서의 참맛을 과연 찾을 수 있을까.

58

재미동포들의 한국어교육[23)]

재외동포 700만 시대. 그 중에서 재미동포는 약 200만 가량. 전체의 29%가 재미동포라고 한다. 이러한 재미동포를 대상으로 국립국어원에서 한국어에 대한 인식을 2015년도에 조사하였다고 한다.

뉴욕, LA, 애틀랜타, 시카고, 하와이 등의 한인 1세와 1.5세, 2세 등 총 1,048명을 대상으로 언어실태조사를 실시하였는데, 다음과 같은 결과가 나왔다.

자녀에게 한국어를 가르쳐야 한다는 응답은 94%이었으며, 그 이유로는 '한국인이기 때문에'가 31%로 가장 높았고, 가족 간의 의사소통(23%), 미국에서 취업이나 성공에 유리함(16%), 타인과의 교류 및 생활(14%), 한국에서 취업이나 성공에 유리함(12%) 등의 순이었다. 이 조사에서 미국과 한국에서 취업이나 성공에 한국어가 도움을 준다는 생각이 28%인 것은 가히 특기할 만하다.

한국어와 영어 중 어느 언어를 더 잘 하느냐는 질문에, 1세는 한국어가 97.9%, 1.5세는 59.4%이었으나, 2세의 경우는 오히려 영어가 96.6%이었다. 그런데 이와 같이 2세는 한국어에 서툴지만, 한국어를 모국어

23) 이 내용은 뉴욕중앙일보(2015.3.17.자) "자녀 한국어 교육 95%"라는 서한서 기자의 기사문을 많이 참조하였다.

로 생각하는 비율은 의외로 높았다고 한다. 조사 결과에 따르면 2세 응답자 중 한국어가 곧 모국어라는 응답이 전체의 61.4%를 차지하였으며, 한국어 능력이 많이 떨어지지만 꼭 한국어를 배우고 싶다고 한다.

한국어를 어느 정도까지 배우고 싶은지를 물은 질문에 전문적인 수준까지 배우고 싶다는 응답자가 56%이었으며, 일상적인 대화 수준이 14%이었다.

조사 결과 중 특이한 것은 한국어 실력이 부족하다고 밝힌 응답자를 연령별로 분석한 결과, 10대는 96%, 20대는 72%, 30대는 46%, 40대는 35%로 나왔으며, 연령대가 높아질수록 한국어 학습 의지가 약해지는 것으로 나타났다고 한다. 이러한 현상은 최근에 전 세계적으로 불고 있는 한류의 영향이 아닌가 생각한다. 젊고 생기 있는 사람들에게 세계의 큰 흐름을 주도하는 K-팝 문화 속 한글은 충분히 매력적인 요소이다. 이러한 문화 속에 합류하고자 하는 의식이 자못 젊은이들에게만 머물지 말고 나이가 지긋하게 든 어르신들에게도 매력적인 요소가 될 수 있도록 분위기를 조성하는 것도 우리가 만들어야 할 문화이다.

그러면 이러한 재미동포들에게 우리가 무엇을 지원해야할까? 미국 내 고등학교와 대학교에 제2외국어로 한국어 강좌를 개설할 수 있도록 적극적으로 도와주고, 한국의 문화(음식, 예술, 생활습관)를 직접 경험할 수 있는 한국문화원이나 체험관 등을 대폭 확대해야 할 것이다. 또 정부기관에서는 체계적인 이중언어교육이 가능할 수 있도록 교육기관을 개설해 기회의 장을 마련해야 할 것이다. 한국문화 대중화를 위한 예산을 전폭적으로 지원하는 것도 아울러 병행해야 할 것이다.

59

'시월(10月), 유월(6月)'이 왜 맞나

우리가 흔히 쓰는 말에 꼴이 좀 색다른 몇 개가 있다. 10월을 '시월', 6월을 '유월', 4월 8일을 '4월 초파일', 5월과 6월을 합쳐 '오뉴월' 등등. 이들은 모두 날짜와 연관되어 있어 더더욱 이상함을 느낄 때가 많으리라.

왜 본음대로 읽지 않고 받침을 탈락시키거나 자음을 첨가하여 발음하고 표기하는 것일까? 바로 우리 국어의 '활음조'현상 때문이다. 활음조(滑音調)란, 넓게는 발음을 쉽게 하기 위하여, 또는 발음하는 노력을 절약하기 위하여 소리에 변화를 일으키는 현상을 말한다. 인간의 노력 경제의 원칙에서 비롯된 발음 현상이라 보면 좋다.

이 현상은 인접하거나 떨어져 있는 음운들 사이에서 주로 일어나는데, 국어의 모음과 자음 중 유성음인 'ㄹ, ㅁ, ㄴ, ㅇ' 등이 소리가 매끄럽고 부드럽기 때문에 이를 발음에 사용하면서 비롯된 것이다.

'희노(喜怒) → 희로, 허낙(許諾) → 허락, 한나산(漢拏山) → 한라산, 곤난(困難) → 곤란, 한아버지 → 할아버지, 폐염(肺炎) → 폐렴, 모단(牡丹) → 모란' 등도 활음조 현상에서 비롯된 현상이다.

그러고 보면 우리가 국어를 쓰면서 나타나는 여러 가지 현상들도 넓게 보아서 모두 활음조 현상에 해당될 수 있다. 국어에서 나타나는 음운변화가 어쩌면 모두 발음의 편이함을 위해 나타난 현상이라 할 수 있기 때문이다.

각 달을 일컫는 말을 보면, 부드러운 소리인 'ㄹ' 받침이 아니고서는 모두 탈락의 현상을 거쳤다. 또한 모음 뒤에 바로 나타나는 'ㄴ'도 'ㄹ'로 대체함으로써 발음을 편하게 한 것이다.

이렇게 발음의 편이성을 추구하는 것은 비단 우리 한글에서만 나타나는 현상은 아니다. 타 언어에서도 흔하게 나타나는 현상이다. 특히 최근 종주국의 영어(英語)가 대서양을 건너 미어(美語)로 변하면서 영어의 't'음이 'r'로 나타나는 현상도 좋은 보기의 하나이다.(이를 전문적으로는 혀끝이 경구개음을 향해 뒤로 구부려 내는 자음으로 변하였다 하여 권설음화(卷舌音化)라고도 한다.)

활음조 현상은 일정한 법칙이 있어 그에 따라 진행되는 현상이 아니기 때문에, 그냥 단어 그대로 암기해야 한다. 마치 관용 표현과 같은 경우이다.

60

아름다운 한글 이름들

불과 10여 년 전만 하여도 곱고 아름다운 한글 이름 짓기 유행이 불면서 한 시대를 풍미한 적이 있었다. 지금은 그때 지어진 한글 이름을 가진 사람들이 청소년기를 지나 성년기에 많이들 접어들었다. '나래, 하늘, 아름, 가람, 으뜸' 등등.

그런데 최근에는 젊은 부모들을 중심으로 외래어식 이름을 많이 짓고 있으니, 걱정이 된다. '리오, 리안, 에릭, 로라' 등. 큰 의미도 없으며 그냥 부르기 싶고 고급스러운 생각이 든다는 흐름이 팽배해지면서 연예인들의 자녀들을 비롯해 사회 저명인사들까지 이러한 현상이 나타났다. 참으로 안타까운 일이다. 사회의 대중문화를 선도할 분들이 앞다투어 그러한 문화적 흐름을 조장하다니…. 또 이를 많은 젊은 부부들이 모방하는 행태까지.

사실 그동안 한글 이름은 몇몇 개에 한정되어 짓다보니, 확장성이 부족하지 않았나 생각된다. 그러나 아름답고 고운 한글이름을 찾아보면 참으로 많다. 그러한 몇 개들을 가나다 순으로 제시해 보겠다.

◈ 가

- 가든 : 가든하다(가볍고 단출하다)의 어근
- 가람 : 강(江)의 옛말

- 가림 : (좋은 것을) 가리다의 어간
- 가온 : 가운데의 옛말
- 가자 : 가다의 청유형
- 거울 : 세상의 본보기가 되라는 거울
- 겨레 : 민족
- 겨루 : '겨루다'의 어간
- 고운 : '곱다'의 형용사형
- 길 : 인생의 앞길의 길
- 꽃 : 꽃처럼 예뻐지라는 의미

◈ 나

- 나라 : 국가의 의미 또는 '나다'의 명령형
- 나래 : 날개의 복수표준어
- 나로 : '나로 하여금'의 나로
- 나빛 : 태어나면서 빛남을 의미하며 만든 합성어
- 나루 : 나루터의 나루
- 노을 : 노을
- 누리 : '세상'이라는 말
- 늘봄 : 언제나 봄처럼
- 늘찬 : 언제나 차 있는

◈ 다

- 다빈 : 빈 마음의 의미
- 다슬 : '모두 다 슬기롭다'의 의미에서 만든 말
- 다올 : 하는 일에 복이 모두 올
- 도담 : '도담도담'에서 따온 말

- 도란 : '도란도란'에서 따온 말
- 두나 : 경남 방언에서 둘째 아이라는 뜻
- 두루 : '두루두루'에서 따온 말
- 두온 : 두 번째로 온
- 들찬 : 들판 가득 찬

◈ 라

- 라 : 명령형 종결어미 '–라'
- 라라 : 흥날 때 내는 의성어
- 라미 : '동그라미'의 뒤 두 음절
- 로운 : '슬기로운'의 뒤 두 음절
- 루라 : '이루라'의 뒤 두 음절
- 리라 : '하리라'의 뒤 두 음절

◈ 마

- 마루 : 산의 꼭대기
- 마리 : '머리'의 옛말
- 마음 : 언제나 한 마음의 의미
- 맑은 : '맑고 깨끗한'의 의미
- 모람 : '모람모람'에서 따온 말
- 미나 : '미덥게 나다'의 준말
- 미리 : '미리내(은하수)'의 미리

◈ 바

- 벼리 : 일이나 글의 뼈대가 되는 줄거리가 되라는 의미

- 보름 : 보름달처럼 꽉 차는 마음의 의미
- 보리 : 볏과의 두해살이 풀 또는 불교 최고의 이상인 불타 정각의 지혜

◈ 사

- 새나 : '새가 날다'의 의미
- 새론 : '새로운'의 축약
- 세련 : '세련되다'의 어근
- 세움 : '세우다'의 명사형
- 세찬 : 힘 있고 억세다는 의미
- 솔잎 : 소나무 잎
- 슬기 : 언제나 슬기를 지니라는 의미
- 수리 : 우두머리의 의미
- 슬옹 : '슬기롭고 옹골차다'의 의미
- 시내 : '시냇물'의 시내

◈ 아

- 아롱 : '아롱아롱'에서 따온 말
- 알찬 : '알차다'의 활용형
- 얼 : 정신의 의미
- 외솔 : 한 그루의 소나무
- 우람 : '우람하다'의 어근
- 으뜸 : 세상의 제일
- 이루: '이루다'의 어간
- 잎새 : 나뭇잎 낱 잎

◈ 자

- 잔디 : 잔디처럼 강인하게
- 재찬 : 고개(재)에 찬
- 주리 : '모든 것을 나누어 준다.'는 의미
- 지나 : '나쁜 것은 빨리 지나가기를 빈다.'는 의미
- 지니 : '지니다'의 어간
- 지은 : '짓다'의 형용사형
- 진샘 : 진짜 샘
- 진솔 : '진솔하다'의 어근

◈ 차

- 차나 : '(꽉) 차다'의 활용형
- 차오름 : '힘차게 차고 오른다.'는 의미
- 찬놀 : 가득 찬 놀
- 찬들 : 가득 찬 들판
- 찬솔 : 알차게 자란 소나무
- 참 : '거짓'의 반대
- 초롬 : '함초롬하다'에서 온 말
- 초롱 : 영롱하고 빛나다는 '초롱'에서 온 말

◈ 카

- 큰길 : '크고 넓은 길'의 의미
- 키움 : '바르게 키우겠다.'는 의미

◈ 타

- 토리 : '도토리'의 뒤 두 음절

- 튼튼 : '튼튼하다.'의 어근

◈ 파

- 풀입 : 풀잎처럼 푸르고 청아하게 자라라는 의미
- 피리 : 여덟 구멍의 목관 악기 피리 소리처럼 울려 퍼지라는 의미

◈ 하

- 하늘 : '하늘처럼 높고 푸르러라.'는 의미
- 하리 : '하겠다.'는 의미

우선 지면이나 일상생활에서 흔히 불리어지는 이름들을 골라서 나열해 보았다. 이외에도 사전이나 문헌을 참고한다면 굉장히 많은 이름을 찾아내거나 만들 수 있을 것이다.

혹자는 한글 이름을 두고, 나이가 들어서 품격이 떨어져 보인다고 말하기도 한다. 그러나 이 또한 걱정할 바는 아니다. 언어가 사고를 결정하는 것이 아니고, 사고가 언어를 결정하는 것이기 때문이다.

61

한글에 대한 우리의 생각들

〈2009 아름다운 한글 설문조사 보고서〉의 내용을 보면, 재미있는 결과가 있다. '기억에 남는 한글 명칭이 있다면, 무엇입니까?'라는 질문에 한글 명칭으로 기억에 남는 한글 명칭 총 585개를 응답하였으며, 그 순위를 표로 제시하면 다음과 같다.

한글 명칭	사례수	비율(%)
풀무원	59	3.9
시나브로	56	3.8
삼성	46	3.0
참이슬	46	2.8
해찬들	32	2.1
쌈지	27	1.8
처음처럼	25	1.6
잠뱅이	22	1.5
아리따움	22	1.5
아리수	22	1.5
미리내	20	1.3
빙그레	19	1.3
푸르지오	18	1.2
나들목	17	1.2
바른손	16	1.0
한글과 컴퓨터	15	1.0

또 '순 우리말 중 가장 먼저 생각나는 단어는?'이라는 질문에 '시나브로'가 가장 높았는데, 자세한 내용을 표로 보이면 다음과 같다.

한글 명칭	사례수	비율(%)
시나브로	133	8.8
미리내	123	8.2
가람	48	3.2
누리	22	1.5
다솜	20	1.3
나들목	18	1.2
고뿔	18	1.2
희나리	11	0.7
갈무리	10	0.7
김치	10	0.7
여우비	10	0.6
마루	9	0.6
하늬바람	9	0.6
그루터기	7	0.5
가시리	7	0.4

기억에 남는 한글 명칭이나 순 우리말 중 가장 먼저 생각나는 단어에 '시나브로'가 우세한 것으로 보면, 우리 언중들은 이 단어를 무척 친숙하게 생각하는 것으로 보인다. 그런데 기억에 남는 한글 명칭들은 2009년도 즈음에 유행하거나 홍보에 치중한 상품명에 치중한 감도 없지 않아 있다. 다음으로 '미리내, 나들목'이 있는데, 이 두 단어는 유성음 중심으로 형성되어 발음이 부드럽고 자연스러워서 친숙하게 먼저 생각나는 것이 아닐까 생각한다.

'가장 아름다운 우리말 단어는 무엇인가?'라는 질문에는 다음과 같은 응답이 있었다.

한글 명칭	사례수	비율(%)
사랑	329	21.9
미리내	77	5.1
우리, 서로	55	3.7
엄마, 어머니	44	2.9
행복, 기쁨	44	2.9
아름답다, 예쁘다	41	2.7
시나브로	37	2.5
하늘	32	2.1
다솜	32	2.1
가족, 한가족	25	1.7
고마워, 고맙습니다, 감사합니다.	24	1.6
꽃	19	1.3
샛별	16	1.1
정	16	1.0
우리나라, 대한민국, 한국	15	1.0

'사랑'이라는 단어가 압도적이다. 그리고 아름다움과 공동체의 정을 느끼는 단어가 유독 많이 보인다. 우리 민족은 이를 통해 보면, 정이 많고, 아름다움을 추구하며 나보다는 우리를 소중히 생각하는 정서가 나타난다. 이러한 정서가 바로 우리 민족의 전통적인 정서일 것이다.

최근에 젊은 세대를 중심으로 우리보다는 나 하나만, 다정하기보다는 냉정함이, 그리고 아름다움보다는 개성이나 폭력이 두드러지게 나타났다. 반드시 나쁘다고만 할 수는 없지만, 왠지 비정하고 개인주의적인 성향이 강해지는 인상이라 좀 걱정이다.

62

우리가 아름다워서 기억하는 문장이나 문구들

우리나라 사람들이 과연 아름다워서 기억하는 문장이나 문구[24]는 무엇일까? 단연 사랑에 관한 구절이 10%로 가장 많았다.

- 사랑해, 사랑합니다. 서로 사랑하자, 사랑하며 살자
- 사랑하라. 한 번도 상처받지 않은 것처럼
- 아! 나는 사랑을 가졌어라.
- 가난한 사랑의 노래
- 비는 사랑을 타고, 날개도 없이 하늘을 사랑했다.
- 사랑, 그 잔인한 행복
- 사랑이 내려앉은 다음에야 사랑, 그 크기를 알 수 있습니다.
- 오늘보다 내일 더 사랑해
- 사랑은 움직이는 거야.
- 사랑받는 자보다 사랑하는 자가 더 행복하고 복 있는 자다.
- 그래도 사랑해. 당연하잖아.
- 사랑은 서로 마주 보고 있는 것.
- 그 중에 제일이 사랑이라.

---

24) <2009 아름다운 한글 설문조사 보고서>의 내용을 참조하였다.

- 원을 그려봐. 네가 그릴 수 있는 한 최대한 크게. 이 세상에서 그 원을 뺀 만큼 너를 사랑해.

다음으로 시나 소설 등에 실린 어구들이 9.3%로 높았다.

- 얇은사 하이얀 고깔은 고이 접어서 나빌레라.
- 나보기가 역겨워 가실 때에는 말없이 고이 보내 드리오리다.
- 사람이 꽃보다 아름다워
- 죽는 날까지 하늘을 우러러 한 점 부끄럼 없기를
- 나 하늘로 돌아가리라.
- 나랏말씀이 중국에 달라
- 당신은 사랑 받기 위해 태어난 사람
- 내가 그 이름을 불러 주었을 때, 그는 나에게로 와서 꽃이 되었다.
- 꽃으로 때리지 말라.
- 연탄재 함부로 차지마라!
- 당신은 누구에게 한번이라도 뜨거운 사람이었느냐!
- 오늘 밤에도 별이 바람에 스치운다.
- 무소의 뿔처럼 혼자 가라.
- 무궁화꽃이 피었습니다.
- 소금을 뿌린 듯이 흐뭇한 달빛에 숨이 막힐 지경이다.
- 돌담에 속삭이는 햇발같이
- 님은 갔지만 나는 님을 보내지 아니하였습니다.

세 번째로 높았던 구절은 '다짐'에 대한 말로, 4.9%이었다.

- 최고보다는 최선을 다하자.

- 뿌리가 깊은 나무는 바람에 흔들리지 않는다.
- 하면 된다. 할 수 있다.
- 절대로 포기하지마.
- 시작이 반이다.
- 건강하게 살자.
- 약속을 지키자.
- 늦었다고 생각할 때가 가장 빠른 때이다.
- 노력하는 사람이 모든 것을 얻을 수 있다.
- 인내는 쓰나, 열매는 달다.
- 하늘은 스스로 돕는 자를 돕는다.
- 피할 수 없으면 즐겨라.
- 운명은 노력하는 사람에게 우연이라는 이름으로 다가온다.

이 외에도 표어나 속담 등이 4.9%, '행복합니다.'처럼 행복에 대한 말이 2.5%, '고맙다, 감사해요'처럼 감사에 대한 말이 0.6%, '넌 할 수 있어.'처럼 희망에 대한 말이 0.6% 등의 순으로 나타났다.

이러한 구절을 기억하고 자주 사용하고자 하는 것은 우리 사회를 훨씬 넉넉하고 여유롭게 만들기 위한 것이다. 이러한 구절을 더더욱 많이 사용할수록 우리의 미래 사회는 밝고 행복하지 않을까.

63

점 하나의 위력

우리의 대중가요 〈도로남〉의 노랫말에 '님이라는 글자에 점 하나만 찍으면 남이 되는 인생사'라는 구절이 있다. 점 하나의 위력을 실감하는 경우이다.

이 외에도 마음이라는 글자에서 점 하나만 빼서 옮기면, '미움'이 되기도 하고, 하루의 일과를 마치고 편안하게 자는 '잠'도 너무 많이 자거나 시간 맞추어 일어나지 못하면 '짐'이 될 수도 있지 않은가. 인체에 치명적인 '독'도 점 하나만 빼면 '득'이 될 수도 있다.

이렇게 점 하나만 가지고 의미가 확 변화는 경우는 여럿 있다.

◈ 점을 추가해서 좋아지는 경우

- 빗 → 빛
- 고질병 → 고칠 병
- 빗 → 벗
- 침 → 참
- 은 → 운

◈ 점을 삭제해서 좋아지는 경우

- 마녀 → 미녀
- 곰 → 금
- 산 → 신

영어도 그런 말이 있다. 불가능하다의 의미인 'Impossible'에 점 하나만 찍으면 '나는 가능해'라는 'I'm possible'이 되기도 한다.

세상 이치가 다 그런가 보다. 아주 소소한 것 하나인 것 같지만, 그 하나만 잘 다스려도 우리에게 긍정으로 다가올 수 있다는 것을. 생각하기 나름인 것이다. 마음먹기 나름이다. 우리가 가진 '고민'도 점 하나만 빼고 또 더하면 '그만'인 것이다.

64

우리말의 차별 용어

국어사전에 실려 있는 차별의 의미를 보자. '둘 이상의 대상을 각각 등급이나 수준 따위의 차이를 두어서 구별함'이 그 의미이다. 그러면 우리 사회에서 이러한 차별이 얼마나 이루어지고 있을까? 우리 시대도 이제는 성숙해지면서 차별을 두지 않는 사회적 분위기가 무르익어 가고 있다. 참으로 다행스런 일이 아닐 수 없다.

통상 우리 사회에서 나타나는 차별의 유형은 19가지나 있다고 한다.

1. 성별	2. 종교	3. 장애
4. 나이	5. 사회적 신분	6. 용모 등 신체조건
7. 임신(출산)	8. 피부색	9. 가족상황
10. 민족	11. 혼인여부	12. 지역
13. 사상	14. 범죄 전과	15. 성적
16. 병력	17. 나라	18. 학력
19. 인종		

그런데, 이러한 차별은 우리의 언어생활에도 흔히 나타난다. 결코 바람직하지 않지만 이러한 현상은 동서양[25]을 막론하고 나타난다. 당

25) 영어에서도 이런 현상은 나타난다. 인간을 통칭할 때, 'Man'을 쓴다거나, 한국에서 만들었다는

연히 회피하고 버려야 할 것이다. 우리가 사회생활 속에서 흔히 무의식중에 쓰는 차별 용어들을 알아보자.

첫째. '미망인(未亡人)'이다. 이 뜻은 현재 통상 과부(寡婦)를 높여서 이르는 말로 알고 있다. 그러나 그 뜻을 보면, '남편(男便)과 함께 죽어야 할 것을, 아직 죽지 못하고 있는 사람이란 뜻으로, 과부가 스스로를 겸손하게 일컫는 말'[26]이다. 여성 비하의 소지가 있다.

둘째. 신사협정(紳士協定)은 그 뜻이 '법적 구속력을 갖지 아니하는 비공식적인 국제 협정'을 뜻하는 것인데, 이 단어에서 문제가 되는 것은 '신사(紳士)'이다. 신사의 뜻이 '사람됨이나 몸가짐이 점잖고 교양이 있으며 예의 바른 남자'이 있기 때문이다. 굳이 남성 표지를 넣어 성차별을 표현하고 있다.

셋째. 살색이란 살갗의 색깔의 의미이겠지만, 다분히 인종 차별의 요소를 내포하고 있다. 현재는 '살구색'으로 고쳐 많이 표현한다.

넷째. 정상인(正常人)은 그 뜻이 '특별한 변동이나 탈이 없이 제대로인 상태의 사람'이다. 장애인에 대응하는 말로 흔히들 쓴다. 그러나 정상인이라는 용어는 그에 대응하는 장애인이 '비(非)정상인'이라는 의미를 내포하기 때문에 써서는 안 될 단어이다.

다섯째. 주부(主婦)의 뜻은 '한 가정의 살림살이를 맡아 꾸려 가는 안

'개그맨'도 '개그우먼'이라는 용어가 없다가 새로 용어를 만들었고, 형편없는 사람을 뜻하는 '루저(Loser)'도 차별 용어의 대표적인 경우이다.

26) 이 말의 유래는 다음과 같다.
중국 춘추시대 노나라 성공(成公)이 재위 중 백희(伯姬)가 송공(宋公)에게 출가하게 되자 계문자(季文子)라는 사람이 백희를 따라 송에 갔다. 계문자는 후행(後行)으로서의 임무를 무사히 마치고 돌아왔으므로 성공은 위로의 연회를 베풀었다. 그 연회석상에서 계문자는 시경을 인용하여 성공과 송공을 칭송한 후, 송의 땅은 좋은 곳이니 출가한 백희는 틀림없이 잘살 것이라고 노래했다. 이를 듣고 있던 백희의 모친 목강(穆姜)은 매우 기뻐하여 말하기를, "이번에 큰 신세를 끼쳤습니다. 당신은 선군 때부터 충성을 다했고, 이 미망인(未亡人)인 나에게까지 진력하여 주셔서 고맙기 그지없습니다."라고 말한 데에서 유래하였다고 한다.

주인(여성)'이다. 이 말 속에는 한 가정의 살림살이가 여성에게만 주어짐을 은밀히 내포하고 있다. 따라서 성 역할의 차별을 없애기 위해 이를 대체할 단어를 만들 필요가 있다.

여섯째, '얼굴마담'이나 '바지사장'같은 말들이다. 통칭 얼굴마담이란 '술집이나 다방 따위에서 그곳을 대표하는 마담이거나 어떤 분야나 집단에서 무엇을 대표할 만큼 전형적이거나 특징적인 사람'을 뜻하며, 바지사장은 '회사의 경영에 참여하지 않고, 운영하는 데 필요한 명의만 빌려주고 실제는 운영자가 아닌 사장'을 일컫는다. 이 두 용어에서도 성 역할에 따른 업무가 은근히 드러나고 있다. 따라서 쓰지 말아야 할 말이다.

일곱째, '여기자, 여의사'처럼 여자를 어두에 넣어 성을 표시하는 경우이다. 당연히 성차별을 염두에 두어 표현한 단어이다.

차별 철폐를 주장한 노벨 평화상 수상자 '넬슨 만델라'는 진정한 자유란 단지 사슬을 벗어버리는 것이 아니라, 타인의 자유를 존중하고 보장하는 삶을 사는 것이라고 했다. 단순히 외모나 조건, 자격만 보고 판단하지 않고 있는 그대로를 받아들이고 인정하는 선진 문화가 우리에게 절실히 필요한 때이다.

65

표준어가 두세 개인 경우도 있다

2007년 우리말에서 틀리기 쉬운 2,000여 가지 단어를 다룬 『국어생활백서』(역락출판사)를 출간한 적이 있다. 당시 맞춤법에 대한 오락 방송 프로그램도 유행하던 차이라 그 흐름 탓인지 책이 꽤 팔렸었고, 지금까지 스테디셀러로 꾸준히 팔리고 있는 책이다.

이 책을 출간하고 한 2개월 정도 지난 무렵에 부산의 한 여고생 독자로부터 질문을 받은 적이 있다. '봉숭아'와 '봉선화'라는 복수 표준어에 대한 사항이었다. 우리는 흔히 표준어라 하면 단일 표준어만 생각한다. 그러나 우리말에는 복수표준어가 몇 개 설정되어 있다. 이에 대해 우리의 〈표준어 규정〉에는 다음과 같이 제시하고 있다.

발음 변화나 어휘 선택의 변화에 의해 한 의미로 복수의 형태가 쓰이는 경우 이중 어느 하나를 선택하여 표준어로 정하는 경우('표준어 규정' 제17항, 제25항)에 이 표준어를 '단수 표준어'라 하며, 이중 둘 이상을 선택하여 표준어로 정하는 경우('표준어 규정' 제18, 19항, 제26항)에 이 표준어를 '복수 표준어'라고 한다.

우리 언어생활에서 흔하게 접하게 되는 복수 표준어를 일부만 제시해 보겠다.

- 네/예
- 꾀다/꼬이다
- 구린내/쿠린내
- 가엾다/가엽다
- -거리다/-대다
- 고깃간/푸줏간
- 넝쿨/덩굴
- -뜨리다/-트리다
- 바른/오른
- 어저께/어제
- 옥수수/강냉이
- 마을/마실
- 차지다/찰지다
- 구안와사/구안괘사
- 삐지다/삐치다
- 쇠고기/소고기
- 거슴츠레하다/게슴츠레하다
- 가뭄/가물
- 갱엿/검은엿
- 게을러빠지다/게을러터지다
- 내리글씨/세로글씨
- 돼지감자/뚱딴지
- 만큼/만치
- 서럽다/섧다
- 여태/입때
- 우레/천둥
- 예쁘다/이쁘다
- 짜장/자장
- 굽신/굽실

위와 같은 복수 표준어를 인정한 것은 우리의 언어생활에 융통성을 주어 언어생활에 편리를 꾀하고자 취해진 것이다.

2015년부터 해마다 몇 단어씩 복수표준어를 인정하는 추세이다. 따라서 복수 표준어 숫자는 앞으로 더욱 늘어날 예정이며, 이에 대한 국어정책기관의 홍보와 언중들의 학습이 요구된다.

66

2016년도 표준국어대사전의 정보 수정

우리나라 국어를 관장하는 국가기관은 국립국어원이다. 이곳에서 발행한 사전이 『표준국어대사전』인데, 이 사전이 우리나라 국어사전의 전범이다. 그런데 국립국어원에서는 최근 언어 현실을 국어사전에 수용하고자 한 해의 분기별로 이 사전의 정보를 수정하여 발표한다. 수정되어 수록한 정보는 새롭게 표준어로 인정받는 것이다. 2016년도에 2차례에 걸쳐 『표준국어대사전』의 정보가 수정되었는데, 다음과 같다.

◈ 2016년 1분기 표준국어대사전 정보 수정 주요 내용(총 21개)

- 표제어 추가 : 난형열, 랍스터, 아시가바트 등
- 표제어 삭제 : 좀목형
- 표제어 수정 : 좀모형, 녹섬광 등
- 뜻풀이 추가 : 끝장, 나, 라, 뭐, 운항하다, 이나 등
- 뜻풀이 수정 : 그해, 깔아뭉개다, 디엠지(DMZ), 비속어, 아슈하바트, 올리다 등
- 문법정보 수정 : 이 등
- 원어 수정 : 정성, 정후은성 등

1분기에 수정된 정보 중 단연 특기할 만한 단어는 '랍스터'와 '디엠지(DMZ)'이다. 그동안 이 두 단어는 일상생활에서도 흔히 쓰였던 단어였다. 그럼에도 불구하고 언중들의 발음과는 동떨어진 '로보스터, 디엠제트'로 외래어 표기법에 맞춰 쓰는 것만을 올바른 표기로 인정하였었다. 그러나 이 두 표현이 언어현실과 너무 동떨어져 의사소통에 문제가 있다고 생각한 심의위원회에서는 '랍스터'와 '디엠지'를 복수 표준어 형태로 인정하면서 이를 말끔하게 해소하였다.

◈ 2016년 2분기 표준국어대사전 정보 수정 주요 내용(총 30개)

- 표제어 추가 : 고름요, 도로명 주소, 무리수, 본음, 사부, 사부님, 산후조리, 수화 언어, 한국 수어, 한국 수화 언어, 바큇살 등
- 표제어 수정 : 셰그렌 증후군, 페트루시카 등
- 뜻풀이 추가 : 강박적, 낭만, 낭만적, 덥다, 설, 중국요리, 춥다, 회 등
- 뜻풀이 삭제 : 관, 무리수 등
- 뜻풀이 수정 : 고름뇨, 빻다, 새내기, 수어(手語), 식음료, 작은아버지 등

2분기의 내용 중에서 특기할 만한 것으로는 '스승님의 남편'을 일컫는 '사부님'이 새롭게 인정된 것과 한국 수화 언어 및 이 단어의 약어인 한국 수어가 새롭게 추가된 것이다.

67

사용이 빈번한 외래어를 우리말로 바꿀 수 없을까

우리나라의 대표 국어사전인 1999년 국립국어원에서 발간한 『표준국어대사전』에 약 51만 어휘가 수록되어 있다고 앞서 제시한 바 있다. 그 중에서 한자어는 25만여 개로 전체의 50%를 넘게 차지하고, 고유어는 11만여 개로 전체의 20%를 약간 넘으며, 그 외는 외래어나 기타 어휘가 차지하고 있다.

그동안 정책적으로 국립국어원에서 외래어를 우리말로 바꾸거나 한자어를 순 우리말로 고치려는 노력을 경주하였다. 그 예로 '노견(路肩)'이라는 한자어가 '갓길'이라는 고유어로, 도로의 '인터체인지' 또한 '나들목'이라는 고유어로 교체에 성공[27]하였다. 이렇듯 우리말 속에 깊이 뿌리 박혀있거나 대체할 우리말이 없어 그냥 쓰고 있는 외래어 몇 개를 과연 바꿀 수는 없을까?

다음과 같은 외래어를 바꾸고자 감히 시도해 본다. 우리말로 교체할 때의 입장은 다음과 같은 원칙을 정하였다. 먼저, 어감이 자연스러워야

27) 교체에 실패한 경우도 있긴 하다. '짬뽕'의 경우 '초마면'으로 순화를 유도했으나 그렇게 되지 못한 것이 일례이다.

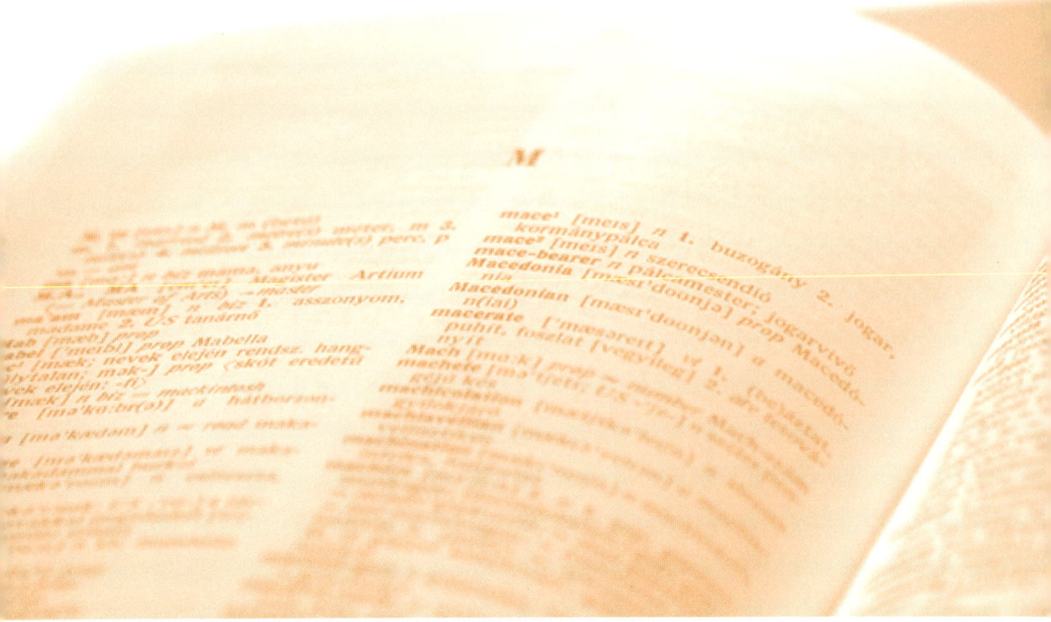

할 것이며, 기존 외래어가 지닌 뜻을 고스란히 가지고 있어야 하고 외래어의 음절수보다 최소한 같거나 적어야 함을 원칙으로 삼았다. 다음은 이런 취지에서 시도해 본, 우리말로 대체하고픈 외래어 몇 개다.

- 텔레비전 → 동영상기
- 라디오 → 전성기(傳聲機)
- 컴퓨터 → 만능기
- 터미널 → 차부(車部)[28]
- 드라이기 → 모발건기[29]
- 개그맨(Gagman) → 해학인
- 더치페이(Dutch Pay) → 개별 지불

28) 차부(車部)는 '자동차의 시발점이나 종착점에 마련한 차의 집합소'의 뜻으로 사전에 이미 실려 있다.

29) 『표준국어대사전』에는 드라이어(Drier)라 하여 '머리 건조기', '머리 말리개'로 순화를 제시하고 있다.

- 트레이너(Trainer) → 훈련인
- 워크숍(Workshop) → 연구회
- 카툰(Cartoon) → 쪽만화
- 패키지여행(Package旅行) → 통째여행
- 하이라이트(Highlight) → 핵심부분
- 헬스클럽(Health Club) → 건강관
- 홈패션(Home Fashion) → 집꾸밈

이상 제시한 단어들 중 몇 개는 좀 어색한 면이 있다. 언어가 사회성을 획득하는 것, 즉 언중들의 사용을 이끌어낸다는 것은 많은 노력이 필요한 사항이다. 따라서 우리말로 대체가 적당하다고 판단이 선다면 지속적이고 광범위하게 동시간대에 교육과 홍보가 병행되어야 한다. 이에 대해 관계기관과 언중들의 호응이 적극적으로 이루어져야 할 것이다.

68

순화를 유도하는 단어들

1999년 국립국어원이 발간한 『표준국어대사전』에 실려 있는 표제어 중에서 순화를 유도하는 단어들이 있다. 이들이 명사만 2,317건 정도인데, 이 중 일상생활에서 흔히 쓰는 것을 중심으로, 지면 형편상 어두음 '가 ~ 싱'까지만 제시하면 다음과 같은 것들이다.

(항목 중 밑줄 친 내용은 순화를 적극적으로 생각할 단어임을 표시했다.)

- 가가호호(家家戶戶) : '집집마다', '집집이'로 순화.
- 가두방송(街頭放送) : '거리 방송'으로 순화.
- 가든파티(Garden Party) : '뜰 잔치', '마당 잔치'로 순화.
- 가라오케(〈일〉Karaoke) : '노래방', '녹음 반주'로 순화.
- 가로등(街路燈) : '거리 등'으로 순화.
- 가매장(假埋葬) : '임시 매장'으로 순화.
- 가봉(假縫) : '시침질'로 순화.
- 가불(假拂) : '임시 지급'으로 순화.
- 가석방(假釋放) : '임시 석방'으로 순화.
- 가설무대(假設舞臺) : '임시 무대'로 순화.
- 가십(Gossip) : '촌평'으로 순화.
- 가외(加外) : '표준 밖', '필요 밖', '한도 밖'으로 순화.

- 가운(Gown) : '덧옷'으로 순화.
- 가이드라인(Guide-Line) : '방침', '지침'으로 순화.
- 가이드북(Guidebook) : '길잡이', '안내서', '지침서'로 순화.
- 가처분(假處分) : '임시 처분'으로 순화
- 각계각층(各界各層) : '여러 계층', '여러 분야'로 순화.
- 각서(覺書) : '다짐 글', '약속 문서'로 순화.
- 간담회(懇談會) : '대화 모임', '정담회(情談會)'로 순화.
- 간척지(干拓地) : '개막은 땅'으로 순화.
- 감방(監房) : '수용실(收容室)'로 순화.
- 감봉(減俸) : '봉급 깎기'로 순화.
- 감언이설(甘言利說) : '꾐 말', '달콤한 말'로 순화.
- 개그(Gag) : '재담'으로 순화.
- 개그맨(Gagman) : '익살꾼'으로 순화.
- 갱목(坑木) : '갱도 버팀목', '동바리'로 순화.
- 거금(巨金) : '큰돈'으로 순화.
- 건폐율(建蔽率) : '대지 건물 비율'로 순화.
- 게임메이커(Game Maker) : '주도 선수'로 순화.
- 격납(格納) : '넣어 둠'으로 순화.
- 결식아동(缺食兒童) : '굶는 아이'로 순화
- 경품(景品) : '덤 상품'으로 순화.
- 고객(顧客) : '단골손님', '손님'으로 순화
- 고무인(--印) : '고무도장'으로 순화.
- 고수부지(高水敷地) : '둔치'로 순화.
- 고식적(姑息的) : '임시변통의'로 순화
- 골인(Goal In) : '득점'으로 순화.
- 광견병(狂犬病) : '미친갯병'으로 순화.

- 국채(國債) : '나랏빚'으로 순화.
- 그랑프리(〈프〉Grand Prix) : '대상', '최우수상'으로 순화.
- 기한(期限) : '마감'으로 순화.
- 낙서(落書) : '장난 글씨'로 순화.
- 난센스(Nonsense) : '당찮은 말', '당찮은 일'로 순화.
- 내구 연한(耐久年限) : '견딜 햇수', '사용 가능 햇수'로 순화.
- 내비게이션(Navigation) : '길도우미', '길안내기'로 순화.
- 냉동육(冷凍肉) : '얼린 고기'로 순화.
- 노하우(Knowhow) : '기술', '방법', '비결', '비법'으로 순화.
- 다반사(茶飯事) : '예삿일', '흔한 일'로 순화.
- 다크호스(Dark Horse) : '뜻밖의 변수', '변수', '복병'으로 순화.
- 담수어(淡水魚) : '민물고기'로 순화
- 담합(談合) : '짬짜미'로 순화.
- 당분간(當分間) : '얼마 동안'으로 순화.
- 대각선(對角線) : '맞모금'으로 순화.
- 대두유(大豆油) : '콩기름'으로 순화.
- 대합실(待合室) : '기다리는 곳', '맞이방'으로 순화.
- 더치페이(Dutch Pay) : '각자 내기'로 순화.
- 도미노(Domino) : '연쇄 파급', '파급'으로 순화.
- 독거노인(獨居老人) : '홀로노인', '홀로 사는 노인', '홀몸노인'으로 순화.
- 돈가스(←〈일〉Ton[豚]〈일〉Kasu): '돼지고기 너비 튀김', '돼지고기 너비 튀김 밥', '돼지고기 튀김'으로 순화.
- 드라이어(Drier) : '머리 건조기', '머리 말리개'로 순화.
- 디저트(Dessert) : '후식(後食)'으로 순화.
- 라이벌(Rival) : '맞수'로 순화.

- 레저(Leisure) : '여가', '여가 활동'으로 순화.
- 레크리에이션(Recreation) : '놀이', '오락'으로 순화.
- 로비스트(Lobbyist) : '막후교섭자', '섭외 대리인', '섭외인'으로 순화.
- 르포(←〈프〉Reportage) : '보고 기사', '현장 보고', '현장 보고서'로 순화.
- 리메이크(Remake) : '원작 재구성', '재구성'으로 순화.
- 리모컨(←Remote Control) : '원격 조정기'로 순화.
- 마후라(〈일〉Mahurâ) : '머플러', '목도리'로 순화.
- 매너리즘(Mannerism) : '타성'으로 순화.
- 모빌(Mobile) : '흔들개비'로 순화.
- 묘목(苗木) : '나무모'로 순화.
- 미니어처(Miniature) : '소품'으로 순화.
- 바비큐(Barbecue) : '구이', '통구이'로 순화.
- 발코니(Balcony) : '난간'으로 순화.
- 베란다(Veranda) : '쪽마루'로 순화.
- 베테랑(〈프〉Vétéran) : '숙련가', '전문가', '전문인'으로 순화.
- 부츠(Boots) : '목구두', '목 긴 구두'로 순화.
- 불철주야(不撤晝夜) : '밤낮없이'로 순화.
- 브로슈어(Brochure) : '소책자', '안내서'로 순화.
- 브리핑(Briefing) : '간추린 설명', '요약 보고'로 순화.
- 비엔날레(〈이〉Biennale) : '격년 미술 잔치', '격년 잔치'로 순화.
- 사물함(私物函) : '개인 물건 보관함', '개인 보관함'으로 순화.
- 사우나탕(Sauna湯) : '증기 목욕탕', '찜탕'으로 순화.
- 상당액(相當額) : '많은 금액' 또는 '해당액'으로 순화.
- 새시(Sash) : '창틀'로 순화.

- 선루프(Sunroof) : '지붕창'으로 순화.
- 선회(旋回) : '돎', '빙빙 돎'으로 순화.
- 성수기(盛需期) : '한창 쓰이는 철', '한철'로 순화.
- 셀프서비스(Self-Service) : '손수 하기'로 순화.
- 수목원(樹木園) : '나무 동산'으로 순화.
- 스캔들(Scandal) : '뒷소문', '추문'으로 순화.
- 스타일리스트(Stylist) : '맵시 가꿈이'로 순화.
- 스탠드바(Stand Bar): '선술집'으로 순화.
- 스테이플러(Stapler) : '찍개'로 순화.
- 승차권(乘車券) : '차표'로 순화.
- 시건장치(施鍵裝置) : '잠금장치'로 순화.
- 시뮬레이션(Simulation) : '모의실험'으로 순화.
- 실루엣(〈프〉Silhouette) : '음영'으로 순화.
- 싱크대(Sink臺) : '개수대', '설거지대'로 순화.

순화를 하되, 언중의 심리를 충분히 반영하고 언어현실 또한 심사숙고해서 고려해야 할 것이다. 순화하는 말로 제시를 했으나, 제시된 표제어 중에는 현실과 너무 동떨어지거나 괴리감을 느끼는 것들이 많고, 오히려 불편하거나 혼란을 야기 시킬 것이 있다. 예를 들어 위에 제시된 표제어 중 '돈가스'의 경우, '돼지고기 너비 튀김', '돼지고기 너비 튀김 밥', '돼지고기 튀김' 등으로 순화할 경우, 우리말을 살리는 취지는 좋으나, 음절수가 너무 길어 비경제적이고 표기나 발음에 불편을 준다. 따라서 순화할 말을 제시할 때도 이러한 상황을 충분히 고려해야 할 것이다.

69

한글 명칭 전용 도시를 꿈꾸는 세종시

세종시는 2012년 7월 1일에 출범하였다. 시의 이름은 우리의 한글을 창제하신 조선 세종의 묘호를 따서 지었다. 참으로 그 이름이 남다를 뿐만 아니라, 한글 사랑에 대한 의지도 여타의 시 · 군과는 다르다. 그래서 그런지 세상[世]의 으뜸[宗]이라는 의미를 담고 있는 것처럼, 한글로 지어진 명칭이 정말로 많다. 앞으로 세종시가 완성되면 약 1,400개 가량의 우리말 지명이 등록될 예정이라니, 참으로 경탄할 만한 일이다.

우선 지금까지 우리말을 사용해 지어진 이름들을 보자.

유치원명	초등학교명	중학교명	고교명	공원명	도로명	기타
보람	보람	보람	보람	붓꽃	누리	범지기마을
미르	여울	한솔	고운	아침뜰	나리	도램마을
올망	참샘	새롬	두루	품안뜰	어울	아람찬교
슬기	가득	어진	아름	고운뜰	라온	학나래교
새샘	다빛	새뜸		물빛찬	한누리	아로내교
도란	고운	고운		마디꽃	가름	빗돌터널
	으뜸	두루		오가낭뜰	다솜	
	나래	아름		기쁨뜰	갈매	
	두루	글벗			보듬	
	가락				보람동	
	글벗					

세종시를 한 번 가보면, 여기저기 우리말을 사용해 지어진 이름을 경험하게 된다. 두세 음절의 순 우리말을 아주 적절하게 이용하여 학교명을 비롯해 거리명과 공원명 등에 붙였다. 한국인으로서 한글이 참으로 자랑스럽게 느껴진다. 외국인들이 우리나라를 방문할 때, 명동이나 이태원의 길거리를 갈 것이 아니라, 세종시 거리를 적극적으로 추천하고 싶다. 이것이 우리의 긍지를 맘껏 살리고 한글의 우수성을 널리 펼치는 기회가 되지 않을까 생각한다.

우리말은 우리가 아끼고 사랑하며 널리 알려야 한다. 외국어 간판이 주요 상점에 버젓이 너울대는 것을 보면, 우리의 자존심은 어디 갔는가 하는 우려가 든다. 가장 한국적인 것이 가장 세계적이라는 말처럼, 우리 모두 한글을 내 몸처럼 아끼고 사랑할 때, 한글의 세계화는 앞당겨질 것이다.

70

공공언어 쓰기도 바꾸어야

국립국어원은 2009년도부터 '한눈에 알아보는 공문서 바로 쓰기' 책자를 발간하여 공무원들의 문서 작성에 도움을 주고, 일반 민원들의 이해를 돕기 위한 사업을 계속 벌이고 있다. 이는 그동안 우리의 공공기관에서 사용한 문서들에 어려운 용어들이 많을 뿐만 아니라, 문장도 어색하여 이해가 쉽지 않았기 때문이다.

공공언어란, 넓은 의미로 일반 국민을 대상으로 사용하는 모든 언어를 지칭하고, 좁은 의미로는 공공기관에서 일반 국민을 대상으로 공공의 목적을 위해 사용하는 언어를 일컫는다. 이러한 공공언어는 국가, 민간단체, 공인, 공공기관 등이 국민이나 공공기관을 대상으로 문서, 민원서류, 보도자료, 안내문, 게시문, 기사문, 해설서, 약관, 보고서, 광고문, 국민 담화 등에 사용하는 언어를 총체적으로 일컬으니, 실로 그 사용 폭이 적다고 할 수 없으며 영향력 또한 대단하다.

국립국어원에서 제시한 〈2014 한눈에 알아보는 공공언어 바로 쓰기〉를 보면, 공공언어를 바르게 써야 하는 이유를 크게 두 가지 제시한다. 먼저 언어 소통을 원활하게 함으로써 편의를 도모하고, 둘째, 어려운 행정용어나 정책용어를 사용함으로써 생기는 사회적 비용 131억 원을 절감하기 위한 것이라고 한다. 실로 엄청난 액수이기도 하다.

위의 자료 중 맞춤법이나 띄어쓰기를 제외한 낱말이나 표현에서 고쳐 써야 할 내용을 일부분만 정리해 제시하면 다음과 같다.

- 감안하여 → 고려하여
- 관할 → 담당
- 교육 바우처 → 교육 복지상품권 제도
- 기일을 엄수하여 → 날짜를 지켜
- 기결수 → 수형자
- 내역 → 내용
- 내역서 → 명세서
- 매뉴얼 → 설명서/안내서
- 부합하는 → 들어맞는/맞는
- 브로슈어 → 안내서
- 사료됨 → 생각함
- 소관 → 맡은
- 소명하고 → 밝히고
- 수령 → 받음
- 소정양식 → 정해진 양식
- 수납한 후 → 받은 다음
- 송부 → 보냄
- 양지 → 고려
- 양형 → 형량 결정
- 요망 → 바람
- 유관기관 → 관계기관
- 의거함 → 따름
- 익일 → 다음날/이튿날
- 인센티브 → 유인책/특전
- 일환으로 → 하나로
- 전년 대비 → 지난해보다
- 절감 → 경감
- 제고 → 높이기
- 지체 없이 → 곧바로
- 팝업창 → 알림창
- 포트폴리오 → 자료철/자료묶음/쓰기 활동철
- 플랜 → 계획
- 패러다임 → 틀/체계
- 패턴 → 유형
- 프로젝트 → (연구)과제/사업
- 필한 → 마친
- 향후 → 앞으로
- 100원상당의 → 100원어치의
- VS → 대
- 간소화하게 → 줄일 수 있게
- 각 지역별로 → 지역별로
- 결과 관련 → 결과와 관련하여

- 교육을 실시하게 → 교육을 하게
- 교육을 실시한다. → 교육을 한다.
- 구체화시켜 → 구체화해
- 건립 중에 있으며 → 건립하고 있으며
- 기간 동안 → 기간/동안
- 나타나고 있다. → 나타났다.
- 동법에 의해 → 이 법에 따라
- 만전을 기하여 → 허술함이 없도록 하여
- 불참한 관계로 → 불참하였으므로
- 아래 밝힌 바와 같이 → 아래와 같이
- 부 소관 → 부가 맡은
- 운영하고 있는 → 운영하는
- 운영 및 상담 → 운영과 상담
- 종사자에 대한 → 종사자에게
- 직원들에 대하여 → 직원들에게
- 체제에 있어서의 → 체제에서
- 한하며 → 한하여 실시하며
- ○○○ 장관 → 장관 ○○○
- ICT → 정보문화기술
- IT → 정보기술
- IP → 지식 재산
- DB → 자료 뭉치
- R&D → 연구개발
- TF → 전담팀
- 가이드라인 → 지침/방침
- 로드맵 → 이행안
- 슬로건 → 표어/강령/구호
- 인프라 → 기반
- 컨퍼런스 → 회의/학술회의/대회
- 허브 → 중심축

그동안 우리는 공공언어를 언중의 편의에 맞도록 고려하지 않았다. 따라서 관계 기관에서는 하루속히 공공 용어를 쉽게 이해할 수 있도록 홍보해야 할 것이다. 사실 지금도 많이 늦은 편이다. 봉사하는 공공기관, 배려와 헌신하는 국민 중심의 행정을 펼치고자 한다면 대대적으로 공공용어 개선에 힘을 기울여야 할 것이다. 늦었다고 깨달았을 때가 가장 빠르다고 하지 않던가. 바로 지금 우리의 노력이 필요한 때이다.

71

국어에 장단음이 굳이 있어야 하는가

앞서서 한글의 성조 부분을 설명할 때 장단음에 대해 간단히 소개한 적이 있다. 그런데 이러한 장단음이 과연 우리말에 있어야하고 계속 구별해서 써야 할 필요가 있을까?

먼저 답부터 이야기하면, 있어야 하고 필요한 사항이라는 것이다. 우리의 장단음은 언어 현상의 운소로서 우리말의 특징 중의 하나이다. 운소(韻素)라 하는 것은 음장, 강세, 성조 등처럼 말의 뜻을 구별할 수 있도록 관여하는 소리의 요소를 일컫는 것으로, 세계 언어에는 한두 가지씩 대체로 있다.

장단음을 몇 개 더 알아보면 다음과 같은 것들이 있다.

- 밤:[栗] / 밤[夜]
- 굴:[穴] / 굴[먹는 굴]
- 벌:[蜂] / 벌(罰)
- 발:[簾] / 발[足]
- 눈:[雪] / 눈[眼]
- 솔:[떨거나 풀칠하는 기구] / 솔[松]

- 성:인(聖人) / 성인(成人)
- 굽:다[불에 익힘] / 굽다[曲]

장단음은 뜻을 구별하는 기능을 지닌다고 했다. 그런데, 특히 한자어에서 이러한 기능이 두드러지게 나타나기도 한다. 이에 대해 간략히 쓴 글 한 편을 소개한다. 다음은 필자와도 대학원에서 같이 공부했던 국립국어원에 있는 최용기 박사의 글이다.

방송 언어와 장단음

최용기(崔溶奇) / 국립국어연구원

방송 언어는 음성 언어이므로 마땅히 표준어를 사용해야 한다. 표준어는 표준적인 어휘와 표준적인 발음을 말하는데, 방송 언어에서는 반드시 표준 발음을 사용해야만 한다. 일부 드라마에서 극적 효과를 높이기 위해 사투리를 사용하기도 하지만, 이런 경우는 논외로 한다. 우리말에는 표준 발음에 대한 규정 '표준 발음법'이 있는데, 여기에는 '소리의 길이, 받침의 발음, 소리의 동화, 된소리되기, 소리의 첨가' 등이 있다. 여기에서는 '소리의 길이 [장단음]'에 대하여 알아보고자 한다.

우리말에서 소리의 길이에 대한 관념은 예전에 비해서 많이 사라져 가고 있다고 하지만, 아직은 단어의 뜻을 변별하는 기능을 갖고 있다. 그렇기 때문에 일상 언어에서도 정확하게 발음하지 않으면 혼란을 일으키기 쉽다. 특히 방송 언어에 있어서 소리의 길이는 매우 중요하다. 뉴스 진행자나 방송 기자들은 소리의 길이를 정확하게 발음하도록 노력을 해야 한다.

그런데 지금도 일부 방송에서는 국정 전반에 대하여 감독하고 검사하는 '국정 감사(國政監査)'가 국정 전반에 대하여 고맙다고 사례하는 '국정 감 : 사(感謝)'로 발음되기도 하고, 음악이나 영화 등 예술 작품을 이해하여 평가하는 '감상(鑑賞)'이 마음에 느끼어 일어나는 생각을 '감 : 상(感想)'으로 발음되기도 한다. 또한 재난을 당해 곤경에 빠진 '난민(難民)'이 반란을 일으킨 '난 : 민(亂民)'으로 발음되어 오해를 가져오기도 하고, 두 나라 이상의 원수가 모여 하는 회담인 '정상 회 : 담(頂上會談)'이 아무 변동 없이 제대로 회담을 하는 '정 : 상 회 : 담(正常會談)'으로 발음되기도 한다.

그리고 그 고을에 사는 사람인 '군 : 민(郡民)'이 군인과 민간인을 뜻하는 '군민(軍民)'으로 발음되기도 하고, 새가 깃들이는 집인 '새 : 집[巢]'이 새로 지은 집인 '새집[新家]'으로 발음되기도 한다. 또한 전개한다는 의미의 '벌 : 이다'가 폐기한다는 '버리다'로 발음되는가 하면, 불을 지르는 '방 : 화(放火)'가 불을 예방하는 '방화(防火)'로 발음되기도 하고, 덕과 지혜가 뛰어난 성스러운 사람인 '성 : 인(聖人)'이 어른인 '성인(成人)'으로 발음되기도 한다.

우리말에서는 이런 소리의 길이 [장단음]에 따라 뜻이 달라지는 경우는 고유어와 한자어 구분 없이 상당히 많이 나타났다. 몇 개만 더 예를 들어 본다.

《고 유 어》	《한 자 어》
눌리다(조금 태워 눋게 하다) 눌 : 리다(누름을 당하다)	가장(家長) 가 : 장(假裝)
말다(국수나 밥을 물에 넣어 풀다) 말 : 다(그만두다)	부자(父子) 부 : 자(富者)
묻다(땅속에 넣고 가려지게 덮다) 묻 : 다(질문하다)	선수(先手) 선 : 수(選手)
배다(촘촘하다) 배 : 다(뱃속에 가지다, 스미어 들다)	정당(政黨) 정 : 당(正當)
패다(곡식의 이삭이 나오다) 패 : 다(장작을 쪼개다)	향수(鄕愁) 향 : 수(享受)

우리말에서 소리의 길이에 대한 구별 의식이 점차 사라져 가는 추세에 있다고는 하지만, 방송 언어에서는 최선을 다하여 정확하게 소리의 길이 [장단음]를 지키도록 노력을 해야 한다.

그러면 장단음에 어떤 규칙성이 있을까? 다분히 역사적인 성조에서 유래하였기 때문에, 원칙을 발견할 수 없다. 즉, 관습적인 요소에 의한 것이 강하기 때문이다. 그저 생활 속에서 터득하여 익히거나 의도적으로 암기해서 알아야 할 것들이다. 그런데, 실생활에서 이를 구별하여 발음하는 경우를 보기는 힘들다. 따라서 이를 구별하기 위해 꾸미는 말을 더하거나 문장 속에서 구현하는 것이 통상적인 방법이다.

72

우리말의 동음이의어

동음이의어는 일명 동음어라고도 하는데, 음성형태는 동일하지만 의미가 다른 두 개 이상의 단어를 일컫는다. 이러한 동음이의어는 다른 세계 각국의 언어에도 나타나는데, 크게는 네 가지 이유에서 나타난다.

첫째, 한 단어가 시간이 지나면서 의미의 분화를 일으켜서 나타나는 경우이다. 즉, 어떤 하나의 단어가 여러 뜻을 지닌 다의어로 발전되다가 그 의미들 사이에서 분화가 나타나고 그것이 더욱 심해지면서 서로를 별개의 단어로 인식되는 것에서 비롯된다. 다른 곳에서 찾아온 사람을 뜻하는 '손님'의 경우, 천연두를 정중하게 모신다는 의미의 완곡어로 사용하여 '손님'이라 부르게 되고, 이것이 일반화되어 '손님'의 또 다른 의미로 병의 이름이 덧붙은 경우가 대표적인 예이다.

둘째, 한자음이 한정되어 단순하기 때문에 중복되어 나타나는 경우이다. 예를 들어, '감상'의 경우, 感傷, 感想, 感賞, 監床, 鑑賞 등이 바로 그것이다. 그러나 이 동음이의어의 경우는 대체로 문장 속에서 구현될 때 혼동의 우려 없이 쓰이고 있는 편이다.

셋째, 장기간의 음운이 변화하면서 나타나는 경우이다. 대표적인 예로 과거 중세시기에는 모습이 달랐던 두 단어가 시간이 지나면서 음운 변화를 거쳐 가로[橫]와 가로(街路)처럼 같아진 경우가 그것이다.

마지막으로 음운 현상에 의해 일시적으로 동음어가 되는 경우가 있다. 특히 약어, 외래어의 수입 등이 그 대표적인 경우이다. 약어의 경우를 보면, 문상(問喪):문상(문화상품권 약어), 신사(紳士):신사(신이 포기한 사람), 미남(美男):미남(미련한 남자) 등이 그 예들이다.

동음이의어는 한정된 단어로 의미를 넓히는 것이 아닐까 하는 생각도 들지만, 여러 뜻을 지닌 다의어와는 또 다른 것으로 의도적인 것보다는 그렇지 않은 것이 많다. 이로 보아, 이 또한 노력 경제의 원칙으로 볼 수 있지 않을까. 최소의 노력에 최대의 혜택이 바로 동음이의어의 경우라 할 수 있겠다. 그러나 우리말을 배우는 외국인이나 새롭게 습득하는 어린이에게는 분명히 혼동되는 면이 있어, 어려운 점일 수도 있다. 우리가 외국어를 배울 때, 동음어 때문에 고생한 생각을 되새기면 바로 알 수 있다.

동음이의어 중에는 모양이 완전하게 일치되는 경우만 있는 것은 아니다. 우리에게는 소리를 변별하면서 의미를 구별하는 운소 중 장단음이 있다고 했다. 눈[雪]은 사실 장음이다. 따라서 표준 발음으로는 [눈:]이 옳다. 이에 반해 눈[眼]은 단음이다. 따라서 표준발음으로는 [눈]이 옳다. 엄연히 두 단어는 발음이 다르지만, 청각적 인상으로 구별하기가 어려울 뿐만 아니라, 표기 자체도 같다. 이러한 경우도 넓은 의미의 동음어 관계이다.

또 '넘어'와 '너머'는 표기만 다를 뿐 소리가 같은 동음어이며, '낟, 낫, 낮, 낯, 낱' 또한 모두 [낟]으로 발음하는 동음어이다. 이들도 동음어에 속한다.

73

아직도 남아있는 일본어의 흔적들

일본강점기 35년간은 굴욕과 치욕의 역사 시기였을 뿐만 아니라, 우리의 국어도 큰 곤욕을 당하던 시기였다. 강제로 일본어 사용을 요구받던 시대에 우리 한글의 소중함은 어느 때보다 뼈저리게 느꼈던 시기였을 것이다. 당시 일본어를 공용어로 사용하도록 공표한 분위기에서 부지불식간에 그 영향을 받는 것은 지극히 당연한 일이었다.

그토록 힘들었던 일제 치하에서 1945년 8월 해방을 맞이하지만, 언어 습관을 쉽게 바꿀 수 있는 것은 아니었다. 30여 년간 뇌리에 박히게 사용했던 언어를 갑자기 한 순간에 바꾸기란 결코 쉽지 않은 일이기 때문이다. 아무리 의도적으로 일본어를 청산하려 노력했겠지만, 무의식 중에 툭툭 내뱉어지는 일본어의 잔재들. 해방된 지 70년이 지난 지금도 그 잔재들이 있어 안타까울 뿐이다. 이제라도 이를 과감히 버렸으면 하는 바람으로 현존하는 일본어 잔재들을 제시해 보고자 한다.

- 프로(←네덜란드어. Procent) : 퍼센트
- 오뎅(〈일〉Oden[御田]) : (생선)어묵
- 미싱(〈일〉Mishin) : 재봉틀

- 모찌(←〈일〉Mochi[餠]) : 찹쌀떡
- 간지나다.(←일본어 かんじ[感じ]) : 멋지다.
- 닭도리탕 : 닭볶음탕
- 다대기(←〈일〉Tata[叩]ki) : 다진 양념
- 기스(←〈일〉Kizu[傷]) : 흠
- 쇼부(←〈일〉しょうぶ [勝負]) : 승부
- 분빠이(←〈일〉ぶんぱい [分配]) : 분배

이 외에도 국립국어원이 지난 2005년 〈일본어 투 용어 순화 자료집〉을 펴냈는데, 무려 1,171개의 순화 대상 용어를 제시하고 있다. 그 중 일상생활에서 흔히 접할 수 있는 몇 개를 제시하면 다음과 같다.

- 가라(가짜)
- 가오(체면)
- 겐세이(견제)
- 구사리(면박)
- 꼬봉(부하)
- 나가리(깨짐)
- 뎃빵(우두머리)
- 독고다이(특공대)
- 똔똔(본전치기)
- 시다바리(보조원)
- 시마이(끝냄)
- 쓰키다시(곁들이)
- 지라시(선전지)
- 야지(야유)

- 찐빠(절름발이)
- 후카시(폼재기)

우리가 흔히 일상생활에서 들을 수 있는 일본어 잔재들이다. 참으로 치욕의 역사 35년의 흔적은 깊기만 하다. 그런데, 일제강점기와 무관한 청소년이나 젊은이들이 이 말들을 그대로 답습하고 있는 기현상이 나타난다.

2015년 4월 28일부터 5월 7일까지, 성신여대 서경덕 교수 연구팀과 대한민국 홍보연합 동아리 '생존경쟁' 팀이 합동으로 서울과 경기 지역 남녀 대학생 각 350명을 대상으로 〈언어문화 개선을 위한 일본어 잔재〉라는 설문조사를 하였다고 하는데, 가장 많이 쓰는 일본어 잔재 순위를 보면 다음과 같다.

(1위) 구라 : 405명

(2위) 애매하다[30] : 386명

(3위) 기스 : 283명

(4위) 간지 : 211명

(5위) 닭도리탕 : 192명

(6위) 다대기 : 179명

(7위) 뽀록 : 162명

(8위) 뿐빠이/노가다 : 159명

(9위) 호치케스[31] : 145명

30) '애매하다'에 대한 국립국어원 측 설명은 다음과 같다.
"애매모호(曖昧模糊)에서 애매(曖昧)라는 단어가 일본식 한자라는 의견이 있습니다. 이와 관련하여 <우리말 어원사전>(김민수 편, 태학사)을 참고하면, 한자어인 애매(曖昧)는 중국 문헌에서 이미 등장한 말이지만, 일본을 거쳐 우리말에 들어온 것으로 보입니다."

31) '호치케스'는 '호치키스'라는 상품명에서 유래한 것으로 일본어로 보기가 어렵다. 원명은 '스테이플러'이다.

(10위) 땡땡이무늬 : 142명

(11위) 땡깡 : 117명

(12위) 오케바리 : 104명

(13위) 망년회 : 93명

(14위) 쇼부 : 88명

(15위) 고참 : 83명

이러한 일본어 잔재가 왜 사라지지 않을까? 설문지의 응답을 보면, 국민의 무관심(27%)이 가장 높고, 일본어 잔재에 대한 교육 및 홍보 부족(26.6%), 정부의 무관심(26.1%), 언어문화 자체에 대한 무관심(20.3%) 등의 순이었다. 결국 무관심이 가장 큰 이유임을 알 수 있다. 이를 해결하기 위해 교육당국이나 방송매체 등을 통한 홍보가 절실히 요구된다.

물론 일본어 사용이 젊은 세대만의 문제는 아니다. 기성세대에서도 건축이나 자동차 용어, 당구 용어 등에 아직도 버젓이 쓰고 있는 실정이다. 참으로 이율배반적인 것이 그렇게 일본을 증오하고 싫어하면서 그 말을 아직도 아무 생각 없이 자연스레 쓰고 있는 현실을 보면, 웃고 있지만, 그 웃음이 웃음은 아니다.

74

우리말로 재미를 일으키는 언어유희

언어에는 단어를 적절하게 사용하여 재미를 일으키는 경우가 있다. 이것이 바로 언어유희라는 것이다. 쉽게 단어나 각운 등을 이용하여 재미있게 꾸미는 말의 표현을 일컫는다. 우리의 문학작품 속에서도 이를 사용하면 풍자와 해학을 곧잘 드러낼 수 있기 때문에 자주 등장한다.

가령 판소리계 소설 〈춘향전〉의 한 대목을 보면, 이도령이 암행어사 출두 직후 춘향을 심문하는 자리에서 얼굴을 가린 채 어사가 춘향에게 수청을 요구한다. 그러자 춘향은 '이부(李夫)'를 섬기고 있기에 수청을 들지 못한다고 거부한다. 이에 이도령은 '이부(二夫)'를 섬기면서 네가 감히 열녀라 할 수 있느냐고 비아냥거린다. 이에 춘향은 두 이(二)자가 아니고, 오얏 이(李)자로 쓰는 이부(李夫)라고 해명을 한다. 이부의 한 자음이 같은 것을 이용해 말장난을 한 언어유희이다.

비슷한 음운을 활용하는 방법도 있다. 우리의 봉산탈춤에 보면, '아, 이 양반이 허리 꺾어 절반인지, 개다리소반인지, 꾸레미전에 백반인지' 라는 표현이 있는데, 이러한 경우가 그것이다.

말의 배치 순서를 바꿔서 하는 방법이 있다. 춘향전에서 암행어사 출두 부분에 '어 추워라. 문 들어온다, 바람 닫아라. 물 마른다, 목 들어라.' 대목이 그러한 경우이다.

또한 언어유희는 수수께끼의 소재로도 많이 사용된다. '개는 개인데, 날지 못하는 개는?' '지우개' 등처럼 말이다.

언어유희 수법의 수수께끼를 몇 개 제시한다.

- 금은 금인데 도둑고양이에게 가장 어울리는 금은?(야금야금)
- 고기 먹을 때마다 따라오는 개는?(이쑤시개)
- 별 중에 가장 슬픈 별은?(이별)
- 진짜 새의 이름은 무엇일까요?(참새)
- 붉은 길에 동전 하나가 떨어져 있다. 그 동전의 이름은?(홍길동전)
- 세상에서 가장 뜨거운 바다는 어디일까요?(열바다)
- 세상에서 제일 더러운 집은?(똥집)
- 세상에서 제일 맛있는 집은?(닭똥집)
- 서로 진짜라고 우기는 신은?(옥신각신)
- 여자가 가장 싫어하는 집은?(시집)
- 중학생과 고등학생이 타는 차는?(중고차)
- 겨울에 많이 쓰는 끈은?(따끈따끈)
- 걱정이 많은 사람이 오르는 산은?(태산)
- 개 중에 가장 아름다운 개는?(무지개)
- 병아리가 제일 잘 먹는 약은?(삐약)
- 전쟁 중에 장군이 가장 받고 싶어 하는 복은?(항복)
- 책은 책인데 읽을 수 없는 책은?(주책)
- 가장 달콤한 술은?(입술)
- 집에서 매일 먹는 약은?(치약)

언어생활을 하면서 적재적소에 상황에 따라 언어유희를 사용한다면 분위기를 부드럽게 유도하고 모두를 즐겁게 할 수 있는 활력소가 되지 않을까 한다. 메마르고 팍팍한 사회에 촉촉한 요소로서, 또는 풍자의 대상을 위트 있게 표현하는 요소로서 언어유희는 큰 역할을 담당할 것이다.

75

문장이 간단하고 분명해야 의미가 팍팍 전달된다

언어를 말과 글로 표현할 때 좋은 조건 중 하나가 간단명료함이다. 말과 글이 길면, 자칫 주어와 서술어가 호응하지 않고 엇나갈 수 있으며, 듣는 사람도 무슨 말을 화자가 했는지 이해하지 못하는 경우가 흔히 일어날 수 있기 때문이다. 그래서 유명한 연설가나 문장가의 공통되는 특징은 모두 문장이 짧다는 것이다.

예를 들어 다음과 같은 문장을 보자.

> 2017년 1월 1일부터 12월 31일까지 우리 시도에서는 제1회 효행 사진 전람회를 통해 각종 효행을 펼치고 있는 청소년들의 노고를 치하하고 효에 대한 시민의 관심을 증대하고자 하오니 참가를 원하시는 모든 분들은 12월 20일까지 ○○시청 자치행복과로 응모해 주시기 바랍니다.

여러 가지 정보를 한 문장에 담다보니, 듣거나 읽는 사람이 지루하고 이해가 쉽지 않다. 따라서 다음과 같이 바꾸어 보자.

> 2017년 1월 1일부터 12월 31일까지 우리 시도에서는 제1회 효행 사진 전람회를 엽니다. 이 사진전은 각종 효행을 펼치고 있는 청소년들의

노고를 치하하고 효에 대한 시민의 관심을 증대하고자 마련되었습니다. 참가를 원하시는 모든 분들은 12월 20일까지 ○○시청 자치행복과로 응모해 주시기 바랍니다.

또 다음과 같은 문장은 문장이 분명하지 않아, 의미가 모호해지기도 하다.

교장선생님은 급식업체 관계자들과 학생의 보건안전에 관하여 심도 있는 논의를 하였다.

이러한 문장은 다음의 두 가지 중 하나로 고치는 것이 바람직하다.

- 교장선생님은 급식업체 관계자들을 만나 학생의 보건안전에 관하여 논의하였다.
- 교장선생님은 급식업체 관계자들을 비롯한 학생의 보건안전에 관하여 논의하였다.

다음의 문장도 꾸미는 말이 분명하지 않아 의미가 모호한 경우이다.

10만 원 상당의 선물 보관함

이러한 문장도 다음의 두 가지 중 하나로 고침이 옳다.

- 선물 10만 원 상당을 담은 보관함
- 선물을 담은 10만 원 상당의 보관함

다음과 같이 '-와/과'를 잘못 사용하여도 문장이 분명하지 않다.

안전 보장과 평화를 회복하는 것

이 문장도 다음과 같이 고치는 것이 좋다.

- 안전을 보장하고 평화를 회복하는 것
- 안전 보장과 평화 회복

이상에서처럼 문장은 되도록 간결하고 의미가 분명하게 전달되도록 작성해야 좋다. 최근 청소년들의 글을 보면 문장이 긴 것이 일반적인 현상이다. 길어도 너무 길게 쓴다. 그러지 말라고 지도를 해보지만 잘 고쳐지지 않는 것이 이 부분이란다. 짧게 쓰면 왠지 불안하다나 어쩌나.

짧은 문장을 지속적으로 강조하고 연습시키는 것이 어릴 때부터 이루어져야 한다. 세계의 명문장들을 보라. 모두 짧고 명쾌하지 않은가?

76

번역투 문장은 진짜 싫어

번역은 제2의 창작이라 했다. 훌륭한 우리 문학작품도 이제는 외국어로 번역되어 세계문학의 반열에 하나둘 서고 있다. 2016년도에는 노벨문학상, 공쿠르문학상과 함께 세계 3대 문학상으로 꼽히는 맨부커상을 소설가 한강의 『채식주의자』가 수상한 바 있다. 정말 이제야 우리 문학을 세계만방에 알리고 인정받는 쾌거가 아닐 수 없다. 이러한 수상은 그 바탕에 훌륭한 번역이 있음을 전제해야 한다. 이를 번역한 데보라 스미스(Deborah Smith)는 캠브리지대와 런던대를 거친 석학으로 한국현대소설을 박사과정으로 연구한 사람이다. 그녀의 완벽하고 꼼꼼한 번역이 우리 문학을 세계에 알리는 계기가 된 것이다.

이처럼 세계에 우리 문학이 알려지고 있지만, 우리의 언어 현실은 과연 어떤가? 우리의 본래 문장 형태를 저버리고 오히려 외국어 문장 형태를 답습하고 있으니 통탄할 만한 일이다.

다음처럼 영어 번역 투의 문장을 보자.

> 이 건물은 ○○건설사에 의해 건설되었다.

이런 문장은 아주 어색한 피동 형태의 문장을 취하고 있다. 따라서 다음과 같이 고쳐보자.

이 건물은 ○○건설사가 건축했다.

다음 문장도 보자. 주어가 스스로 움직이지 못하는 사물 또는 추상적 대상임에도 불구하고 능동성을 지니고 있다.

이 통계조사 결과는 청소년 언어 개선책을 하루빨리 마련해야 한다는 점을 말해 주고 있다.

이 문장도 다음처럼 고쳐야 의미가 분명해진다.

청소년 언어 개선책을 하루빨리 마련해야 한다는 점을 이 통계조사 결과에서 알 수 있다.

영어 번역 투 문장만 있는 것은 아니다. 일본어 번역 투 문장도 많다. 다음을 보자

- 우리의 소원은 한반도 통일에 있다.
- 이번 선출에 있어서 부정행위를 엄단코자 합니다.
- 품질에 있어서 세계 최고 수준

이 문장도 다음과 같이 고치자.

- 우리의 소원은 한반도 통일이다.
- 이번 선출은 부정행위를 엄단할 것입니다.
- 품질에 관하여 세계 최고 수준 / 품질 면에서 세계 최고 수준

세계화도 좋고 지구촌 세상이라 해도 좋다. 그러나 우리말을 외국어

형태로 써서는 안 될 말이다. 한글을 세계화하는 것이 진정한 세계화이지, 남의 언어를 빌리는 것이 세계화는 결코 아니기 때문이다.

77

상대방을 존중하는 우리의 말끝

우리말은 말끝, 즉 어미(語尾)를 가지고 상대방을 높이는 방식이 서로 다른데, 이를 일명 '상대높임법'이라고도 한다. 상대높임법으로 문장을 표현할 때 크게 두 가지 형식으로 표현한다. 격식체와 비격식체가 있다.

격식체는 또 네 가지로 나누어, 아주 높이는 '하십시오체', 예사로 높이는 '하오체', 예사로 낮추는 '하게체', 아주 낮추는 '해라체' 등이 있다. 예문을 들어보자.

- 이것은 이렇게 하십시오.(아주 높임)
- 이것은 이렇게 하오.(예사 높임)
- 이것은 이렇게 하게.(예사 낮춤)
- 이것은 이렇게 해라.(아주 낮춤)

비격식체는 두루 높이는 '해요체'와 두루 낮추는 '해체'가 있다. 다음과 같은 예문이 가능하다.

- 이것은 이렇게 해요.(두루 높임)
- 이것은 이렇게 해.(두루 낮춤)

이러고 보니, 참으로 우리말은 문장 속에서도 예의가 깍듯한 표현이 가능하다. 우리말을 처음 배우는 아이들이나 외국인에게는 여러 가지 형태의 예법을 따지는 문장 때문에 배울 때 너무 어렵다고 하는 것이 이해는 간다.

그러나 한 편으로 생각해 보라. 상대방을 어떻게 대하느냐에 따라 이렇게나 다양한 표현을 할 수 있다는 것은 정말로 놀라지 않을 수 없다. 우리가 흔히 말이나 문장을 막 쓰는 듯해도 이렇게나 예의를 지키며 언어생활을 구사하고 있다.

과거에는 격식을 지켜 네 가지 형식의 문장이나 말을 사용하였다. 그러나 최근 핵가족화와 아이 하나 갖기 등의 영향인지 비격식체의 '해라체'와 '해체'만 난무하는 시대가 되고 있다.

나이가 지긋하신 분께서 내게 하오체나 하게체를 써 줄 때면, 기분이 좋아질 때가 있다. 대접받는 느낌이랄까, 아니면 고풍스러우면서 품격이 있다고나 할까. 이제는 나이가 중년이 되어 새치를 품고 있는 제자들이 나를 찾아 간혹 인사 올 때는 품격을 지킨답시고 '하오체'나 '하게체'를 줄곧 쓴다. 쓰면서 왠지 말하는 나 자신도 품격이 올라가는 인상을 받는다. 세상이 그런 것이다. 내가 상대방을 존중해주고 위해주면, 말하는 나 자신도 자연스레 같이 올라간다는 것을.

78

우리말은 높임법이 발달했다는데…

우리말은 크게 세 가지 형태로 높임법을 표현한다.

첫째. 상대높임법,
둘째. 주체높임법,
셋째. 객체높임법이다.

그 중 첫째는 화자가 청자를 높이거나 낮추어 말하는 법으로, 주로 종결 표현, 즉 말끝에 의해 실현된다. 앞서 제시한 77의 내용이 그것이니, 더 이상 서술은 생략한다.

주체높임법은 문장의 주체, 즉 주어를 높이는 방법이다. 주로 주어에 '–께서', 문장의 서술어에 '–시–'를 붙여 나타낸다.

예를 들어, '할아버지께서 이렇게 일을 하셨다.'라는 문장을 보면, 문장의 주체(주어)가 할아버지이기 때문에 '–께서'가 나타났고, 문장의 서술어 '하였다'가 '–시–'가 첨가되어 '하셨다'로 나타나는 것이다.

그런데, 주체높임법도 좀 더 들어가면 좀 어려운 것이 있다. 바로 '압존법'이라는 것인데, 세 사람의 관계 속에서 높임법의 형태가 나타난다는 것이다. '압존법(壓尊法)이란, 높여야 할 대상이지만 듣는 이가 더 높을 때 그 공대를 줄이는 방법'을 이야기한다.

예를 들어, '할아버지, 아버지가 아직 안 왔습니다.'와 같은 경우이다. 즉, 아버지가 화자의 입장에서는 높임의 대상이지만, 청자의 입장에서는 낮춤의 대상이기에 청자의 입장을 고려해 높임법을 사용하지 않고, '-가'와 '왔습니다.'식으로 표현하는 것이다.

또 다음의 경우를 보자. 어머니께서 나에게 할머니를 불러오라고 했다면, '할머니, 어머니가 식사하시랍니다.'라는 표현도 3명의 관계를 따져 보면 이해가 될 것이다.

그런데 최근에는 이 압존법도 사라지고 있는 실정이다. 고작 가족이나 사제지간에서나 사용하지, 직장 내에서도 거의 사라지고 있는 실정이다. 시대가 변하니 언어도 현실을 담아 바뀌어야 한다. 이런 변화 속에서 심지어 가정에서까지 압존법은 철저히 지켜지기가 어렵다. 씁쓸하지만 받아들여야 할 시대적 변화로 보인다.

다음으로 객체높임법이 있다. 이것은 문장의 객체, 곧 문장의 목적어나 부사어가 지시하는 대상을 높이는 방법이다. 주로 조사 '-께', 높임을 표시하는 서술어 '[드리다(↔주다), 여쭙다(↔묻다), 뵙다(↔보다)]' 등을 사용하여 높임의 뜻을 나타낸다.

예를 들어, '나는 아버지께 사과를 드렸다.'처럼 대상인 '아버지'가 높임의 대상이다 보니 '-께'가 쓰였고, 또한 서술어가 '주었다'에서 '드렸다'로 바뀌게 된다.

인간 사회는 사람간의 관계 속에서 이루어진다. 따라서 상대방이 어떤 사람인가에 따라 다양한 표현이 발달되었다는 것은 무척 귀찮은 일이기도 하지만, 그만큼 상대방을 배려하고 대접함이 아닐까. 바야흐로 4차 산업혁명시대라고 떠들고 난리다. 그러나 아무리 4차, 5차로 가더라도 상대방에 대한 인간적인 배려나 소통 없이 시대가 변하는 것은 영

그렇다. 앞으로 우리 사회도 서로의 관계를 생각하며 발전을 모색하는 방향으로 나아가길 간절히 바란다.

79

동사의 활용 어느 정도까지 가능할까

우리말은 앞서 밝힌 바와 같이 첨가어이다. 따라서 어간과 어미가 있어 활용을 한다. 그래서 첨가어라고 하는 것이다. 어간에 정말 여러 형태의 어미를 첨가하여 다양하게 표현한다. 그러면, 동사는 어느 정도까지 활용을 할까? 여기 한 예로 '오르다'는 동사를 가지고 활용을 해보겠다.

1. 오르지
2. 오르더라
3. 오르는구나
4. 오르네
5. 오르데
6. 오르잖아
7. 오르려나
8. 오르니
9. 오르고
10. 오르나

11. 오르면
12. 오르면서
13. 오르거나
14. 오르거든
15. 오르는데
16. 오르지만
17. 오르더라도
18. 오르다가도
19. 오르기조차
20. 오르는
21. 오르던
22. 오른
23. 오른다
24. 오른다면
25. 오른다만
26. 오른답시고
27. 오르겠다
28. 오르겠네
29. 오르겠지
30. 오르겠더라
31. 오르겠구나
32. 오르겠니
33. 오르겠고
34. 오르겠으나
35. 오로겠으면
36. 오르겠으면서

37. 오르겠거나

38. 오르겠거든

39. 오르겠는데

40. 오르겠지만

41. 오르겠더라도

42. 오르겠다가도

43. 오르겠던

44. 오르겠다면

45. 오르겠다만

46. 오를

47. 오를까

48. 오를지

49. 오를지도

50. 오를수록

51. 올라

52. 올라도

53. 올라서

54. 올라야

55. 올라요

56. 올라라

57. 올랐다

58. 올랐네

59. 올랐지

60. 올랐더라

61. 올랐으리라

62. 올랐구나

63. 올랐잖아
64. 올랐으려나
65. 올랐으면서
66. 올랐거나
67. 올랐거든
68. 올랐는데
69. 올랐지만
70. 올랐더라도
71. 올랐다가도
72. 올랐던
73. 올랐다면
74. 올랐다만
75. 올랐을
76. 올랐을까
77. 올랐을지
78. 올랐을지도
79. 올랐어
80. 올랐어도
81. 올랐어야
82. 올랐어요
83. 올랐더라면
84. 올랐더라도
85. 올랐겠다
86. 올랐겠네
87. 올랐겠지
88. 올랐겠더라

89. 올랐겠구나
90. 올랐겠니
91. 올랐겠고
92. 올랐겠으나
93. 올랐겠으면
94. 올랐겠으면서
95. 올랐겠거든
96. 올랐겠거나
97. 올랐겠는데
98. 올랐겠지만
99. 올랐겠더라도
100. 올랐겠다가도
101. 올랐겠던
102. 올랐겠다면
103. 올랐겠다만
104. 올랐겠어
105. 올랐겠어도
106. 올랐겠어서
107. 올랐겠어야
108. 올랐겠어요
109. 올랐겠더라면
110. 올랐겠더라도
111. 오르시네

이상과 같이 총 111가지 형태로 활용이 가능하다. 혹시 이보다 더 있을지도 모르겠다. 빼먹을 가능성도 있기 때문이다. 이를 볼 때, 우리 한국 사람들 정말 대단하지 않은가? 무려 100여 가지 형태로 동사 하나를 달리 표현할 수 있다니 말이다. 어쩌면 이 때문에 외국인들은 한국어 학습에 난색을 표할 수 있다. 그러한 단점도 있을 수 있으나 표현의 다양성을 생각해 본다면 우리말은 표현하는 방법이 참으로 다양함을 알 수 있다. 어미, 즉 말끝에 어떤 것을 사용하느냐에 따라 이렇게 여러 가지 표현할 수 있다는 것은 우리나라 사람들에게 참으로 복된 일이다. 이 정도로 우리말 표현이 풍부하다는 것은 정말 자랑스러운 일일 뿐이다.

저자 소개

김 홍 석(金洪錫)

공주대에서 국어교육으로 학사와 석사 과정을 마치고, 둘레둘레 상경해 2003년 단국대에서 국어국문학과 국어학 분야 박사 학위를 받았다. 1991년 충남해양과학고등학교를 시작으로 교편을 잡아 24년간 충남 도내 고등학교에서 국어교사를 하다가, 2015년 충남교육청 산하 지역교육청 장학사로 전직하였다. 2012년도엔 계간『산림문학』문예공모에서 수필 부문 신인상을 받기도 했다.

2001년부터 10여 년간 단국대, 공주대, 순천향대, 백석대에서 국어학 시간강사를 거쳤다. 한국언어문학교육학회 연구이사와 한글학회 충남지회 총무이사를 역임하였고, 전국 시도교육청, 교육연수원, 학교 현장에서 국어학 분야 특강도 하였다.

쓴 책으로는『여말 선초의 서법 연구』(2004년, 한국문화사),『눌은밥과 돼지고기 장조림』(2005년, 아이러브올리브),『형태소와 차자표기』(2006년, 역락),『국어사 연구와 자료』(2007년, 공저, 태학사),『국어생활백서』(2007년, 역락),『고정틀 박살내기』(2007년, 보성),『우해이어보와 자산어보 연구』(2008년, 한국문화사),『은어와 우리말의 세계』(2011년, 글누림),『길을 묻는 그대들의 푸른 나침반, 충남외고』(2011년, 공저, 기획, 글누림),『각시붕어를 찾아』(2014년, 맑은샘) 등이 있다.

한글생활백서 값 13,000원

저 자	김 홍 석
발행인	문 형 진

판 권
검 인

2017년 3월 22일 제1판 제1쇄 인쇄
2017년 3월 30일 제1판 제1쇄 발행

발행처 **연필의 힘**

㊝ 02859 서울특별시 성북구 보문로 38 세진빌딩
TEL : 02)922-6371~3, 923-3422 / FAX : 02)927-2462
Homepage : www.sejinbook.com
〈등록. 1976. 9. 21 / 서울 제307-2009-22호〉